미래의 부자인 _____ 님을 위해

이 채을 드립니다.

가상화폐
차트도 모르고
할 뻔했다

가상화폐
차트도 모르고
할 뻔했다

초판 1쇄 발행 | 2021년 3월 2일
초판 6쇄 발행 | 2021년 12월 20일

지은이 | 박대호
펴낸이 | 박영욱
펴낸곳 | (주)북오션

경영지원 | 서정희
편　집 | 권기우
마케팅 | 최석진
디자인 | 민영선·임진형
SNS 마케팅 | 박현빈·박가빈
유튜브 마케팅 | 정지은

주　소 | 서울시 마포구 월드컵로 14길 62
이메일 | bookocean@naver.com
네이버포스트 | post.naver.com/bookocean
페이스북 | facebook.com/bookocean.book
인스타그램 | instagram.com/bookocean777
유튜브 | 쏠쏠TV·쏠쏠라이프TV
전　화 | 편집문의: 02-325-9172　　영업문의: 02-322-6709
팩　스 | 02-3143-3964

출판신고번호 | 제2007-000197호

ISBN 978-89-6799-582-9 (03320)

*이 책은 북오션이 저작권자와의 계약에 따라 발행한 것이므로 내용의 일부 또는 전부를
　이용하려면 반드시 북오션의 서면 동의를 받아야 합니다.
*책값은 뒤표지에 있습니다.
*잘못 만들어진 책은 구입하신 서점에서 교환해 드립니다.

차트를 보면 가상화폐 실전매매가 보인다

가상화폐
차트도 모르고
 할 뻔했다

박대호(크맨) 지음

북오션

prologue

'바닥에 사서 고점에 팔아라'라는 말은 수익을 내는 면에서 보면 맞는 말입니다. 하지만 가격변동이 큰 가상화폐 시장에서 단순히 우상향만을 외치기에는 심리적인 부담이 큽니다. 아직 가상화폐 시장은 주식시장만큼 역사가 길지 않기 때문에 대부분 주식 차트와 보조지표를 활용하고 있습니다. 다들 차트매매를 궁금해하고 있습니다. 가상화폐 차트 트레이더는 많지만 그동안 관련 서적은 전무했습니다. 그래서 차트를 잘 모르는 투자자도 가상화폐 차트매매를 할 수 있도록 기본적인 내용부터 실전에서 쓰일 수 있는 실용까지 담았습니다. 예제를 많이 수록했으니 쉽게 연습할 수 있을 것입니다.

완벽한 가상화폐 차트 분석 방법은 그동안 없었고 앞으로도 없을 것입니다. 하지만 차트 공부를 하고 매매에 적용한다면 차트를 아예 모르는 상태로 매매하는 것보다는 높은 수익을 올릴 수 있습니다. 다양한 차트매매 방법이 있지만 이 책에는 저만의 차트매매 방법을 담았습니다. 기본적인 주식차트 이론을 바탕으로 가상화폐 시장에 맞게 내용을 일반화하였습니다. 책을 출간하며 가장 고민한 부분은 '어떻게 하면 차트매매에 필수적인 내용을 쉽게 전달할 수 있을까'였습니다. 또한 기존 《암호화폐 실전투자 바이블》에서 다루지 못한 세부적인 매매 방법을 다루고 있으며, 차트에 대한 실전 예제를 풍부하게 첨부했습니다.

제1장은 기본적인 차트 이론을 설명합니다. 차트매매를 할 때 필요한 가장 기초적인 부분부터 보조지표를 활용하는 방법까지 담았습니다. 초보 투자자가 가장 먼저 도전해볼 수 있는, STCH MTM 지표의 골든크로스·데드크로스를 활용한 매매 방법부터 시간차를 활용한 추종매매 방법까지 실전 예제와 함께 설명하므로 공부와 연습이 가능합니다. 기초적인 부분부터 다루고 있기 때문에 차트매매를 배우고 싶은 초보 가상화폐 투자자에게 확실히 도움이 될 것입니다. 더불어 중급자에게는 더욱 확실한 이론적 뒷받침이 될 것이며, 앞으로 발간될 수많은 가상화폐 차트 실전서의 이정표가 될 것입니다.

투자 방법이 사람마다 다르듯 차트매매 타이밍이나 활용하는 보조지표 또한 개개인마다 차이가 있습니다. 여러 투자 방법을 익혀 상황에 맞게 사용하시면 책을 100% 이상 활용하는 것입니다. 저의 차트매매 방법에 독자만의 스타일을 입혀 나가시면 책을 200% 이상 활용하는 것입니다.

이 책을 읽었다고 해서 바로 고수익을 기대하기는 어렵습니다. 하지만 등락이 심한 가상화폐 시장에서 매매 타이밍 공부를 해놓는다면 상승장에서 조금 더 수익을, 하락장에서 최소한의 손실을 낼 수 있으므로 장기적으로 누적 수익을 극대화하는데 도움이 될 것입니다.

책이 처음 출간된 지 3년이 지났습니다. 장기적인 침체도 있었고 그 사이에 급등한 가상화폐도 있었습니다. 그 사이 유행은 조금씩 바뀌었지만 매매 스타일은 크게 변화한 것이 없습니다. 이 책이 담고 있는 기본 원리는 일맥상통합니다. 3년 전이나 지금이나 앞으로나 이 책에서 말하는 기본 원리를 바탕으로 자신의 매매 스타일을 발전시키면 다가올 상승장을 대비할 수 있습니다.

이제 가상화폐는 제도권 진입을 눈앞에 두고 있습니다. 가격 또한 아무리 침체기를 여러 번 겪었어도 반등하는 모습을 보여주었습니다. 아예 가상화폐가 사라지지 않는 한 여러분은 등락만 있다면 어떻게든 수익을 낼 수 있습니다. 직업, 매매 가능 시간, 스타일, 예산에 맞게 여러분만의 투자 스타일을 이 책과 함께 만들어 가시기 바랍니다!

박대호

contents

contents

Chapter 02 차트매매 실전

Chapter 01

차트매매 기초

차트가 과연 안 맞을까?

차트가 그동안 당신에게 안 맞은 이유

누군가에게는 보물지도, 누군가에게는 검정그림판
- 시간대별 가격변화를 표기한 장부
- 주식에서 보던 지표를 코인판에 맞게 수정 필요
- 수익 극대화 위해 보조지표를 함께 분석
- 투자 성공률을 높이는 데에 차트 분석은 필수적
- 차트 분석은 '예측'보다 특정 상황에 '대응'을 하게 해준다

차트의 사전적 정의는 각종 자료를 알기 쉽게 정리한 표라고 할 수 있다. 그중 가상화폐의 차트는 시간의 순서에 따른 가격의 변화를 표기한 장부의 기능을 갖고 있다. 가상화폐에 투자하는 방법은 크게 채굴, ICO 투자, 매매

	가상화폐	주식
가격변동성	큼	상한가, 하한가 존재
거래시간	24시간	평일 09:00 ~ 15:30
양봉	초록색	빨강색
사이클	굉장히 짧다	길다
지표	짧은 주기에 맞게 적용	중·장기 적용

로 나눌 수 있다. 여기서 매매 투자 방법은 차트에 의한 매매 방법, 로드맵이나 호재에 맞춰 매매하는 투자 방법, 일정 기간을 두고 장기적으로 가상화폐를 보유하며 투자하는 방법으로 세분화할 수 있다. 이 중에서 차트에 의한 매매 방법은 주식차트와 비교할 수 있다.

가상화폐의 차트는 주식차트와 거의 같지만 다른 특성이 있다. 가상화폐는 24시간 거래가 되기 때문에 기록 또한 24시간 끊이지 않는다. 이 때문에 사이클이 빠르다. 또한 큰 등락을 보여 국내에서는 단타를 하는 투자자가 많다.

보조지표 또한 주식과 쓰임새가 다르다. 주식에서는 중장기 추세를 확인하는 지표들을 많이 사용하는 데 반해 가상화폐 차트에서는 단기·중기·장기 투자자 모두 단기매매에 유리한 지표를 활용한다. 그래야 수익률이 좋기 때문이다.(구체적인 내용은 2장에서 실전 예제와 함께 자세하게 다룬다.)

흔히 주식에서 많이 쓰이는 엘리엇 파동이론은 가상화폐에는 적용하기 어렵다. 이론을 적용하기도 전에 한 사이클이 지나가버리는 경우가 비일비재하기 때문이다. 가상화폐의 차트는 주식과 다르게 상한가, 하한가 이상의 높은 등락폭이 생길 수 있다. 또한 국내 주식차트에서는 양봉(처음 가격보다 올랐을 때 차트에 표현하는 막대)은 빨강색, 음봉(처음 가격보다 내렸을 때 차트에 표현하는 막대)은 초록색이지만, 가상화폐 차트에서는 양봉은 초록색, 음봉은 빨강색으로 표현한다.

차트를 어떻게 해석해야 수익을 극대화할 수 있을까? 먼저 차트에서 가격을 분석하는 보조지표를 활용할 필요가 있다. 보조지표란 차트를 분석하기 위해 가격흐름에 특정 상황을 가정해 일반화하고, 가격이 오르거나 내리는 것을 예측하도록 특정 수치를 보여주는 차트를 말한다.

보조지표는 주식 보조지표를 활용할 수 있다. 혹자는 코인판은 차트가 안 맞아서 의미가 없다고 하거나 차트는 예측이 불가능하여 신뢰할 수 없다고 한다. 하지만 코인판에 맞는 보조지표를 활용하면 충분히 차트를 분석·활용할 수 있다. 또한 차트는 '예측'의 목적도 있지만, 그보다 특정 가격에 도달했

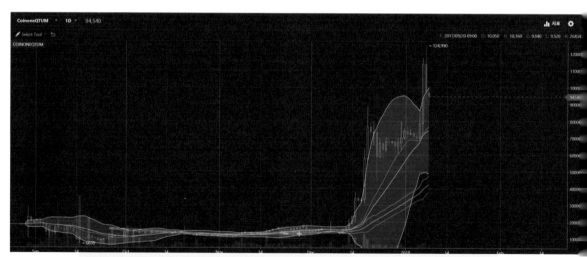

단순히 차트상 내리고 있으니 사야 할까? 만약 그렇게 생각한다면 당신은 손해를 볼 가능성이 높다.

을 때 '대응'의 목적이 더 크다. 차트가 정말 맞지 않다면 수많은 차트 분석 사이트는 문을 닫고, 나의 수강생들은 내 강의를 듣지 않았을 것이다.

차트 분석이 익숙해지면 가격의 흐름 속에서 수익을 낼 수 있고 사놓고 무작정 오르길 기도하거나 "가즈아!"라고 외치기보다 매도시점을 고려하게 될 것이다. 호재나 악재 정보를 빠르게 접하는 것은 매매를 쉽게 해준다. 리딩방

Tradingview.com의 어느 차트 분석가다. 탑 차트 분석가 중 한 명이며 분석글에 대한 인기가 높다.

에 들어가거나 누군가가 차트를 읽어주면 매매하기가 참 쉽고 편할 수 있다. 하지만 차트를 분석할 줄 알면 가격이 강하게 내리는 순간에도, 흔히 말하는 '떡상'을 할 때도 매매타이밍을 '스스로' 가져갈 수 있게 된다.

거래는 심리게임이고 차트는 심리학 서적이다

차트를 모르고 거래하면 눈감고 기부하는 것

차트는 눈치게임의 흔적들
- 차트 분석은 심리게임이자 눈치게임이다
- 한국은 코인판에서 특히 '단타'의 민족임을 보여준다
- 높은 등락폭은 당신의 마음을 훔치기에 충분하다

누군가는 주식에 희로애락이 다 들어 있다고 말하지만, 그것은 가상화폐 거래가 생기기 선의 이야기이나. 가상화폐 거래를 한 민이라도 해본 투자자라면 공감할 것이다. 나 또한 처음 '묻지 마' 투자를 할 때에는 첫날부터 잠을 설쳤다. 250원이던 리플코인(XRP)이 하루 사이에 300원을 넘었기 때문이다.

그러다 하루 뒤 400원, 500원으로 뛰어오르자 감정이 마비되었다. 언제 팔아야 할지는 이미 잊은 지 오래였고, 잔고를 보면서 어느 맛집에 갈지 고민하고 있었다. 당시 리플코인은 수수료이벤트를 하고 있었기에 '1원 떼기'(1원에 계속해서 사고파는 것)를 하면서 택시비를 벌고 있었다.

그때는 '묻지 마' 투자였기에 전혀 머리어깨형이나 과매수 상태라는 것을 알지 못했다. 그러다 적당히 매도하려고 눈치를 보는 순간, 가격이 떨어지기 시작했다. 계속해서 가격이 떨어지자 정신적으로도 흔들려 (흔히 말하는 "멘탈이 나갔다"는 표현에 맞는 충격) 결국 549원 부근에서 매수한 코인을 470원 부근에서 손절했다. 약 15% 손실을 보았는데 투자 첫날 적은 시드머니(Seed Money, 투자자금)로 거래를 시작했다가 점점 금액을 늘린 것이 화근이었다.

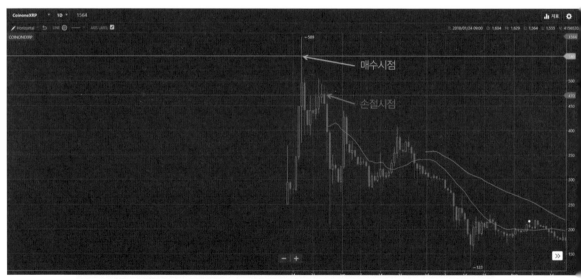

눈치게임에서 져버렸던 나의 2017년 5월 3주차 리플코인 매매차트

결국 눈물의 손절을 하고 나는 공부하기로 결심했다.

이처럼 가상화폐 거래는 가격이 오를 때는 흔히 말하는 '행복회로'가 돌아

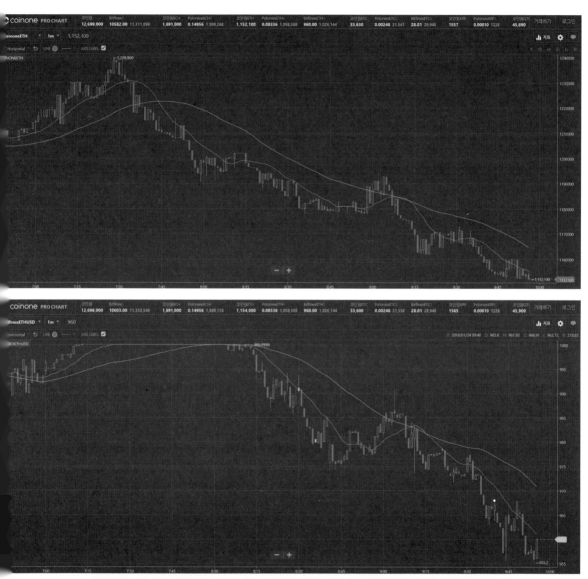

위쪽은 한국(코인원)의 차트, 아래쪽은 해외(비트파이넥스) 차트다. 모양이 비슷하지만, 때에 따라 등락
폭의 차이가 조금씩 보인다.

가며 마치 복권에 당첨된 것과 같이 행복한 상상의 나래를 펼치게 된다. 하지만 반대로 가격이 떨어지면 심리적으로 엄청난 불안감을 느껴 밤에는 잠을 잘 못 자고, 밥도 입으로 넘기지 못하고, 본업에도 지장을 주게 된다.

정신적 내공과 투자마인드가 매매에서 굉장히 중요하다. 거래하다가 정신적으로 흔들리면 차트의 매수·매도시그널을 지나치는 경우가 생긴다. 가격이 오를 때는 '환희' 때문에, 떨어질 때는 '공포' 때문에 매수시그널을 보지 못한다.

한국은 남녀노소 모두 가상화폐 거래를 많이 한다. 단타에 익숙한 이들이 특히 많아 외국 거래소의 가격을 추종하며 가격이 오르다가도 빠르게 꺾이는 경우가 많다. 반대로 가격이 떨어지다가 반등할 때는 굉장히 강하게 반등한다. 이것을 속칭 '운전한다'고 하는데, 이런 가격을 조정하는 이를 '운전수'라고 한다.

이러한 높은 등락폭을 이용해 과매도 구간에서는 매수하고 과매수 구간에서 매도하는 방법을 활용하면 상승장이 아니더라도 꾸준히 수익을 낼 수 있다.

이러한 수익을 내려 한다면 차트를 활용할 필요가 있다. 차트를 활용하면 이러한 높은 등락 속에서도 어디서 사면 손해를 최소화할지 어디서 팔면 이익이 극대화할지 참고할 수 있다. 100% 맞지는 않겠지만, 이른바 깜깜이 투자와 비교하면 높아진 수익률을 확인할 수 있을 것이다.

거래소 및 차트 분석 사이트 소개
스타일에 따라 수익을 극대화할 수 있는 사이트

> **거래소 선정 기준**
> • 투자 방법에 따른 거래소 선정
> • 수수료, 취급 코인 종류, 보안, 거래량을 고려하자

당신이 가상화폐 거래소를 선정하기 전에 우선적으로 해야 할 것은 자신의 투자 주기와 투자 방법을 파악하는 것이다.

장기투자자나 가치투자자는 수수료에 구애받지 않는 성향이 있기 때문에 좀 더 다양한 코인을 거래할 수 있는 거래소에서 거래하는 것이 좋다. 반대로 단기투자자는 거래소 수수료에 영향을 많이 받기 때문에 수수료가 상대적으

로 낮은 거래소에서 거래하는 것이 좋다.

거래금액이 큰 투자자는 거래량이 많은 거래소에서 거래해야 자신의 거래량에 맞는 매매가 가능하다. 국내 거래소에서 거래하지 못하는 신규 코인들을 눈여겨보는 투자자는 해외 거래소에서 투자하는 것이 좋다.

가상화폐 거래소

업비트(www.upbit.com)

▲국가: 한국 ▲장점: 다양한 코인, 어플리케이션 가능

2017년 10월에 생긴 거래소로, 거래소 초기 비트렉스 사이트와 연동되었었다. 가장 다양한 코인을 거래할 수 있고 카카오톡 기반으로 접근성이 좋은 장점이 있다. 가상화폐 거래소들이 자신만의 UI를 구축하였던 2017년에 초기부터 주식과 유사한 UI를 활용하여 투자자들에게 친숙한 환경을 제공했다.

빗썸(www.bithumb.com)

▲국가: 한국 ▲장점: 많은 거래량, 낮은 수수료(상품권)

업비트와 함께 국내 최대 규모의 거래소이다. 거래량이 많아 큰 금액으로 단타 거래가 가능한 거래소에 속한다. 업비트 다음으로 선호도가 높은 거래소이다. 또한 출금한도가 높은 장점이 있다. 2021년 기준 농협은행에서 신규 계좌를 개설 가능하다.

코인원(www.coinone.co.kr)

▲국가: 한국 ▲장점: 마진거래, 프로차트

국내에서 업비트, 빗썸 다음으로 거래량이 많은 거래소이다. 코인원은 프로차트 기능을 제공하여 다른 거래소보다 차트의 기능을 활용하기 수월하다. 2021년 기준 코인원도 농협은행에서 신규계좌를 개설 가능하다. 또한 코인원 사이트의 리서치는 가상화폐에 대한 분석이 잘 되어있다.

코빗(www.korbit.co.kr)

▲국가: 한국 ▲장점: 보안성, 안전성

넥슨의 모회사가 인수한 거래소이다. 업비트, 코인원, 빗썸과 함께 2021년 현재 실명계좌를 연동 가능한 몇 안되는 거래소이다. 메이저 거래소인만큼 자금세탁방지, 상장과 상장폐지 기준 등을 공개하며 이용자들의 신뢰를 얻는 데 힘쓰고 있다.

Binance(https://www.binance.com/ko)

▲국가: 홍콩(한국어 지원) ▲장점: 한국어 지원, 세계최대 거래소

335개의 가상화폐를 거래 가능한 세계 최대 규모의 거래소이다. 또한 마진 거래도 가능한 장점이 있다. 국내 미상장 코인의 장기투자, 마진거래를 위해 바이낸스를 이용하는 투자자가 많다. 또한 높은 거래량으로 큰 규모의 금액으로도 단타가 가능하다.

Bitfinex(www.bitfinex.com)

▲국가: 홍콩 ▲장점: 많은 거래량, 마진거래

거래량 세계 1~2위 거래소. USDT(달러와 같은 액면가를 가진 가상화폐)를 기반으로 코인을 사고팔 수 있다. 한국인이 거래하려면 비트코인, 이더리움 등 Bitfinex에서 취급하는 가상화폐를 한국 거래소에서 매수한 다음 Bitfinex로 전송해야 한다. 비트코인의 거래량이 가장 많아서 1억 단위의 큰 금액으로도 수월하게 거래할 수 있다.

Poloniex(poloniex.com)

▲국가: 미국 ▲장점: 다양한 코인, 마진거래

과거 거래량이 세계 1위였으나 현재는 5위권인 거래소다. 메이저 알트코인들의 거래가 대부분 가능하며 마진거래도 가능하다. 하지만 Bitfinex와 다르게 사토시 단위로 거래해야 하기 때문에 Poloniex거래소에서 알트코인 거래를 하려면 비트코인과 알트코인의 관계를 파악해야 한다.

Bitmex(www.bitmex.com)

▲국가: 미국(한국어 지원) ▲장점: 100배 마진거래, 많은 비트코인 거래량

마진거래가 대부분이기 때문에 거래량이 순위에 집계되지 않으나 마진거래량을 집계하면 5위권 이내에 들어갈 정도로 큰 거래소다. 비트코인, 이더리움, 이더리움클래식, 비트코인캐시 등 메이저 코인을 거래할 수 있지만 대부분 비트코인의 마진거래를 한다. 최대 100배 마진으로 거래가 가능한데, 코인원의 마진거래와 달리 마진콜이 날 경우 원금이 아예 100% 손실될 수 있어 주

의가 필요하다. 예를 들어 100배 마진으로 공매수 체결 시 1%만 하락해도 마진콜이 나서 원금이 사라진다.

Bitflyer(www.bitflyer.jp/ko/?top_link)

▲국가: 일본(한국어 지원) ▲장점: 많은 비트코인 거래량

거래량 세계 1~2위권의 거래소. 2017년 9월 이후 북핵 관련 문제가 대두되면서 많은 일본인들이 비트코인을 매집하는 현상이 이어지고 있다. 비트코인의 거래량은 세계 최대 수준으로 Bitfinex와 더불어 세계 거래를 주도하고 있다. 비트코인의 거래량이 많은 투자자는 Bitflyer가 적합할 수 있다.

이 외에도 중국의 Huobi, OKcoin 등 전 세계에 거래소는 수없이 많다. 너무 많은 거래소에서 거래할 경우 하락장에서 대처가 쉽지 않다. 자신의 거래 성향에 맞춰 거래소를 선정하자. 해외 거래소에서 거래하려면 국내 거래소에서 가상화폐를 구매한 후 해외 거래소로 전송해서 거래해야 한다. 많은 해외 거래소가 비트코인을 기축통화로 삼아 알트코인을 구매하므로 대부분 비트코인으로 전송한다.

가상화폐의 전송 속도는 해당 가상화폐마다 다른데 대부분 10~30분이다. 그중 리플코인은 전송이 1초~5분으로 빠르다. 리플코인과 같은 알트코인으로 전송해서 넴코인 등 다른 코인을 구매하려면 전송한 리플코인을 팔아 비트코인으로 바꾼 후 다시 넴코인을 사야 한다. 즉, 리플코인 전송 수수료(국내 거래소→해외 거래소), 리플코인 판매수수료(리플코인→비트코인)가 추가된다. 때문에 빨리 전송해야 하는 경우를 제외하면 대부분 비트코인으로 전송한다.

해외 거래소에서 알트코인을 구매하려는 투자자는 비트코인을 사서 보내야 하기 때문에 만약 비트코인이 상승하고 구매한 알트코인도 상승하면 상승률이 배가 된다. 하지만 비트코인 동반 하락장에서는 '비트코인 하락률×알트코인 하락률'만큼 배로 손해를 입기 때문에 하락이 예상되는 시점에서 국내로 미리 전송하여 현금화하거나 테더코인화해야 한다. 테더코인은 달러와 같은 액면가를 가진 코인이므로 테더코인화는 한국 거래소에서 코인을 매도하여 전액 원화한 것과 같은 효과가 있다.

가상화폐 차트 분석 사이트들은 각각 차별화된 장점이 있다. 한 사이트만 고집하기보다 가능하면 여러 사이트를 열어두는 것이 좋다. 해당 거래소의 차트만 이용하면 거래소 서버가 다운되었을 때 해외 시세를 확인할 수 없어 거래가 어렵다. 전문 차트사이트를 활용하자.

나는 cryptowat.ch를 가장 많이 활용한다. 가격 반응이 제일 빠르기 때문이다. 하지만 보조지표를 많이 확인할 수가 없어 코인원의 프로차트와 Tradingview 사이트를 함께 활용한다. 특히 Tradingview 사이트는 톱 차트 분석가의 차트 분석을 참고해 거래할 수 있어 도움이 된다. 사용자들이 직접 만든

차트 분석 사이트
- cryptowat.ch, 프로차트, Tradingview의 동시 활용
  ① cryptowat.ch: cryptowat.ch/ → 가장 반영 빠름, 서버다운 대처
  ② 프로차트: coinone.co.kr/chart/ → 보조지표 확인 용이, 반영 느림
  ③ Tradingview: www.tradingview.com/ → 다양한 지표 활용 가능
  ④ 업비트: upbit.com/home → 업비트 차트만 활용 가능

지표도 활용할 수 있다. 다만 무료버전은 세 가지 지표만 활용할 수 있다.

차트 분석글은 가격이 '오른다, 내린다' 확정 짓는 분석글보다는 특정 가격대에 오면 어떻게 대응할지 정리하는 분석글이 거래할 때 도움이 된다. 나는 먼저 코인원 프로차트, Tradingview에서 중장기 추세를 보고 시그널들을 확인한다. 그리고 cryptowat.ch에서 가격이 오르는지 내리는지 확인하고 거래를 한다. 이러한 방법으로 거래하면 보다 낮은 가격에 매수하고 높은 가격에 매도하는 데 도움이 된다. 업비트 거래소의 차트는 깔끔하지만 타 사이트의 차트와 비교하기가 힘들다. 때문에 업비트 거래소의 차트를 이용할 때는 타 사이트의 차트도 참고해야 한다.

또한 Tradingview에서 비트코인 선물 차트를 확인하기 위해 BTC1!를, 가상화폐 전체 시총의 흐름을 확인하기 위해 TOTAL을, 비트코인 도미넌스(전체 시총 대비 비트코인의 비율)을 확인하기 위해 BTC.D를 확인하면 좋다.

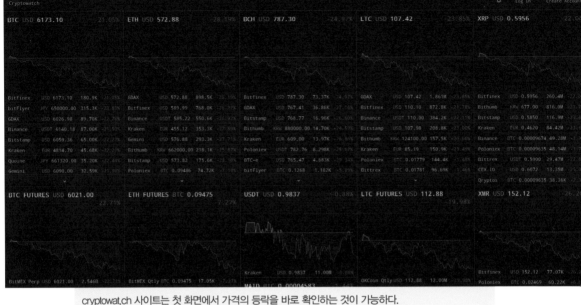

cryptowat.ch 사이트는 첫 화면에서 가격의 등락을 바로 확인하는 것이 가능하다.

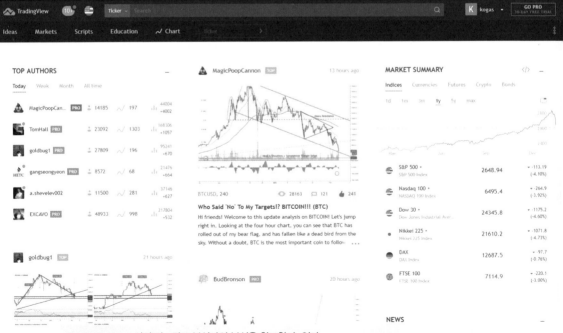

tradingview.com 사이트는 차트 분석가의 분석을 참고할 수 있다.

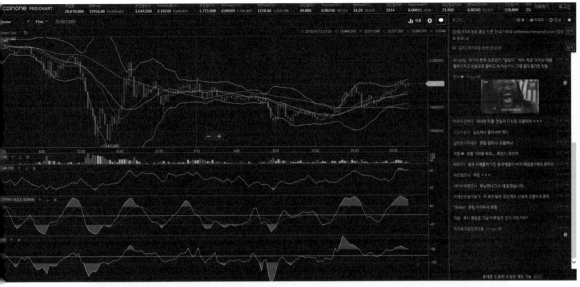

코인원 프로차트에는 환희와 절망이 교차한다.

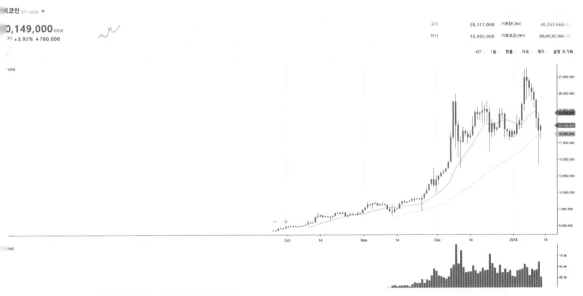

업비트의 차트는 깔끔함이 장점이다.

차트 기초

① 양봉이란 해당 거래 시간의 시점(시가)보다 거래가 끝나는 시점(종가)에 가격이 오른 경우를 나타낸다. 가상화폐 시장에서는 초록색이 양봉이다

② 음봉이란 해당 거래 시간의 시점보다 거래가 끝나는 시점에 가격이 내린 경우를 나타낸다. 빨간색이 음봉을 나타낸다

③ 도지란 시가와 종가가 같은 봉으로 급등 혹은 급락할 때 추세 반전을 암시한다. 도지의 종류는 도지, 키다리형 도지, 비석형 도지, 잠자리형 도지 등이 있는데, 비석형 도지는 'ㅗ' 형태로 매도세가 강함을, 잠자리형 도지 'ㅜ'는 매수세가 강함을 나타낸다. 도지의 꼬리가 길수록 추세전환이 더 강하다

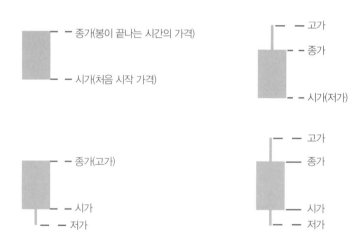

양봉의 종류: 시작가격보다 끝나는 가격이 오름

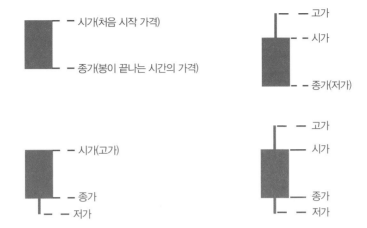

시가(처음 시작 가격)

종가(봉이 끝나는 시간의 가격)

고가

시가

종가(저가)

시가(고가)

종가

저가

고가

시가

종가

저가

음봉의 종류: 시작가격보다 끝나는 가격이 내림

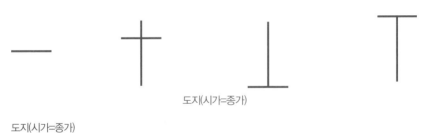

도지(시가=종가)

도지(시가=종가)

지지선, 저항선

① 고점을 찍고 떨어지거나 저점을 찍고 반등했거나 가장 많이 머물렀던
지점을 지지선, 저항선으로 활용한다.

② 차트의 범위를 바꾸면 지지선과 저항선도 달라진다.

③ 단기거래 투자자일수록 차트의 범위를 짧게 잡고 지지선, 저항선을 설정한다.

④ 차트의 범위를 넓혔을 때의 지지선, 저항선은 더 강한 지지와 저항을 받는다.

⑤ 지지선은 저항선이 될 수 있고, 저항선은 지지선이 될 수도 있다.

⑥ 지지선, 저항선을 비롯해 여러 지표와 거래량이 동시에 확증을 줄수록 거래 성공 가능성이 높아진다.

⑦ 저항선을 상향 돌파 시 매수, 지지선을 하향 돌파 시 매도한다. 저항선은 현재 가격대보다 위에서 형성되고, 지지선은 현재 가격대보다 아래에서 형성된다.

지지선, 저항선 설정 방법

오른쪽의 예시는 데이~스윙(3~7일) 거래를 기준으로 한다. 스캘핑(하루에 수십 번 이상 거래) 또는 중장기(1개월 이상) 기준의 경우 기간을 더 좁히거나 넓혀서 본다. 예시는 코인원 프로차트의 이더리움을 기준으로 하지만, cryptowat.ch나 Tradingview를 활용해도 좋다.

1H, 1D 봉으로 가격대 확인하고 저항선과 지지선 만들기

어디까지 오르고 내릴지 먼저 보자. 시간봉과 일봉으로 보는 이유는 저항선, 지지선을 그리고 거래목표치를 정하기 위해서다. 상승장의 경우 전고점을 확인할 수 있을 때까지 차트를 점점 넓힌다. 1H봉으로 전고점 확인이 불

가능할 경우, 즉 현재 가격이 최고점일 경우 2H, 4H로 범위를 넓혀 전고점을 확인한다.

　가격대가 특정 가격에 도달하고 내려온 가격을 저항선, 특정 가격을 찍고 올라온 가격을 지지선으로 잡는다. 이렇게 하는 이유는 투자자들이 차트를 활용해 지지선을 보고 거래하는 심리적인 측면과 차트가 일정주기로 반복되는 특징 때문이다.

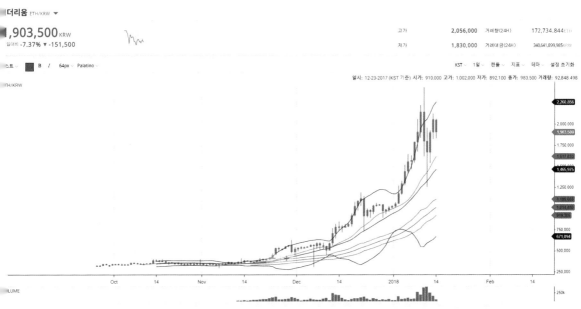

전고점을 확인한 다음 수평선(Horizontal)을 클릭하여 전고점, 전저점, 가격이 많이 거쳐간 점을 클릭하여 수평선을 그린다.

저항선(빨간 선)을 설정한 상태다. 이 차트에서는 상승이 시작되면 가장 가까운 가격인 207만 원이
1차 목표가가 된다.

지지선(초록선)을 설정한 상태다. 가격이 떨어질 경우 181만 원에서 1차 지지한다.

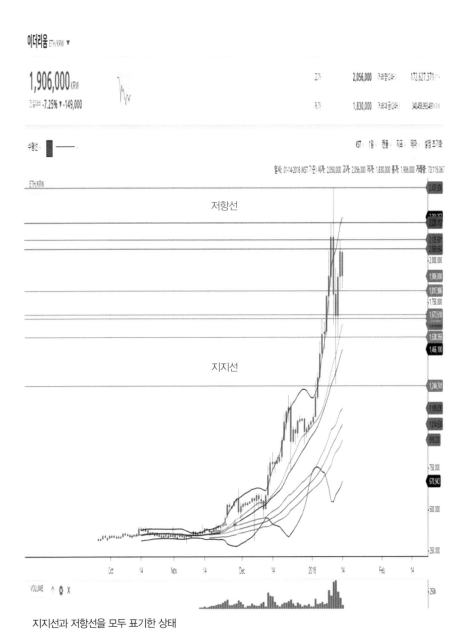

이더리움 ETH/KRW ▼

1,906,000 KRW

전일대비 **-7.25%** ▼ -149,000

고가 2,056,000 거래량(24h) 172,627,371 ETH

저가 1,830,000 거래대금(24h) 340,459,963,481 KRW

KST : 1일 : 현재가 : 지표 : 떡녀 : 설정 초기화

일자: 01-14 2018 (KST 7주봉) 시가: 2,056,000 고가: 2,056,000 저가: 1,830,000 종가: 1,906,000 거래량: 73,115,067

저항선

지지선

지지선과 저항선을 모두 표기한 상태

지지선, 저항선 예시

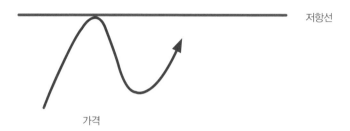

저항선 예시: 가격보다 위에 있는 가장 가까운 선부터 순차적으로 저항선이 된다. 고점을 찍고 내려온 점이 저항선이 되었다.

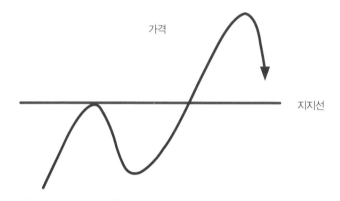

지지선 예시, 저항선이었던 선은 가격이 저항선보다 오르자 지지선이 되었다.

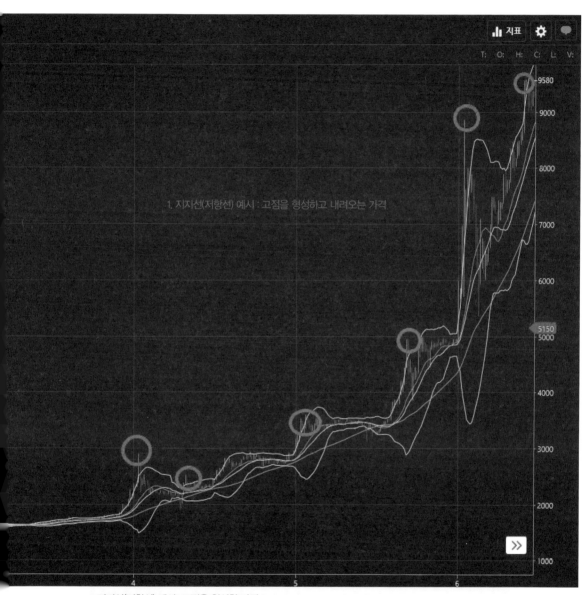

1. 지지선(저항선) 예시 : 고점을 형성하고 내려오는 가격

지지선(저항선) 예시: 고점을 형성한 가격

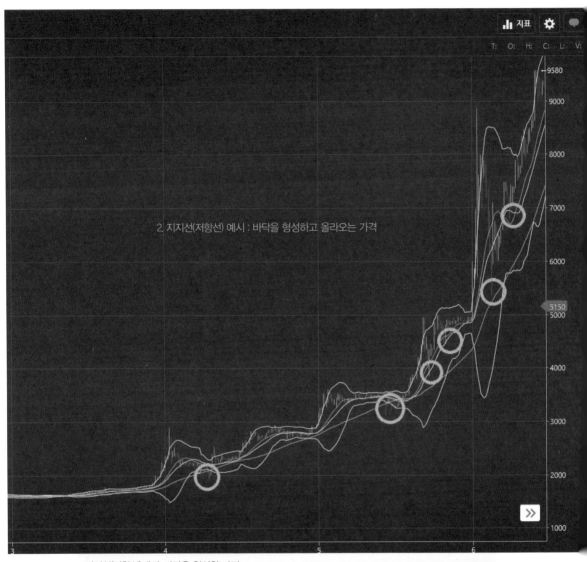

2. 지지선(저항선) 예시 : 바닥을 형성하고 올라오는 가격

지지선(저항선)예시: 바닥을 형성한 가격

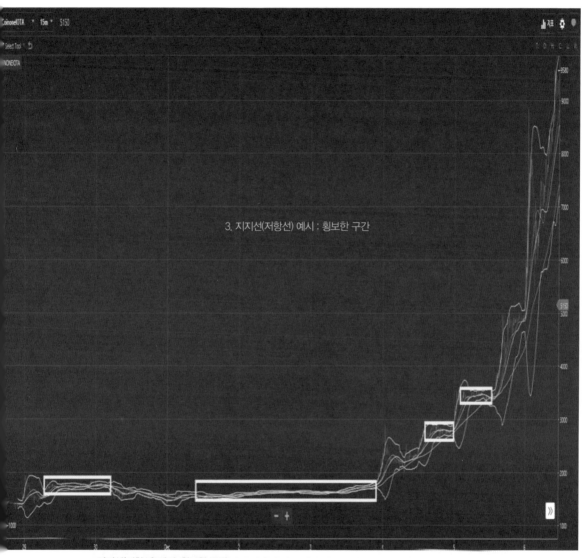

3. 지지선(저항선) 예시 : 횡보한 구간

지지선(저항선) 예시: 횡보한 구간

지지선과 저항선의 예시를 알아보았다. 지지선과 저항선은 투자자마다 기준이 다를 수 있기 때문에 참고용으로 판단하면 좋다. 횡보한 구간에서 가격이 지지되거나 저항에 부딪힐 수 있음을 거래할 때 항상 염두에 두어야 한다.

상승추세선, 하락추세선

① 상승장에서 차트의 저점과 저점을 이은 선을 상승추세선이라 한다.

② 하락장에서 차트의 고점과 고점을 이은 선을 하락추세선이라 한다.

③ 차트의 범위를 바꾸면 상승추세선과 하락추세선이 달라진다.

④ 따라서 거래 주기가 짧을수록 1~15분봉과 같이 범위가 좁은 차트에서 추세선을 설정한다.

⑤ 하락장에서 하락추세선을 상향 돌파 시 매수하고, 상승장에서 상승추세선을 하향 돌파 시 매도한다.

상승추세선 설정예시

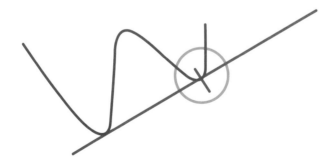

두 번째 바닥을 찍을 때 상승추세선 설정

작은 추세선 이탈은 페이크일 수 있다.

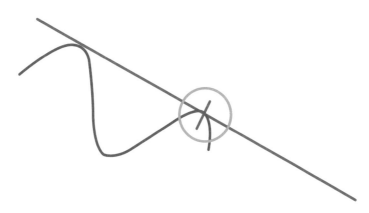

두 번째 고점을 찍을 때 하락추세선 설정

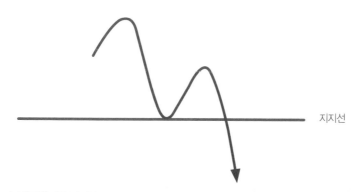

지지선

지지선 하향이탈 시 매도

상승추세선

상승추세선 하향이탈 시 매도

저항선 상향이탈 시 매수

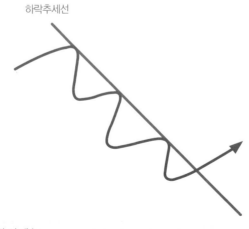

하락추세선

하락추세선 상향이탈 시 매수

상승추세선은 두 번째 바닥을 찍고 오르는 순간 그린다. 상승추세선을 그리며 오를 때는 상승추세선을 하향 돌파 할 경우 매도하는 것이 원칙이다. 다만 작게 이탈할 경우 페이크일 수 있으니, 추세선을 강하게 이탈할 경우 매도한다. 추세선 이탈 매매보다는 뒤에서 언급하는 보조지표 매도시그널을 확인한 후 매도하는 것이 좋다. 지지선 하향 돌파 시 매도하는 것과, 저항선 상향돌파 시 매수하는 것은 'F=ma(가속도의 법칙)' 같은 기본공식이므로 꼭 기억하도록 하자.

지지선과 저항선을 이용한 매매타이밍

	매수타이밍	매도타이밍
지지선	지지선에서 반등 시	하향 돌파 시
저항선	상향 돌파 시	저항선에서 하락 시

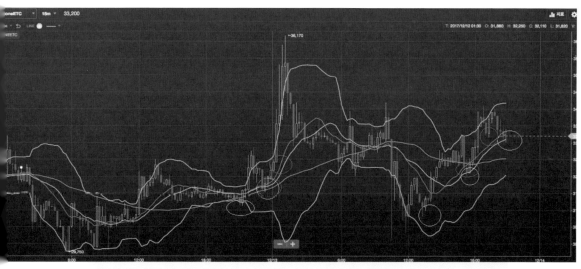

상승추세선 설정. 가격은 일시적으로 오르지 않고 꺾여서 올라가기 때문에 꺾이고 내려오는 바닥을 이어서 상승추세선을 설정한다.

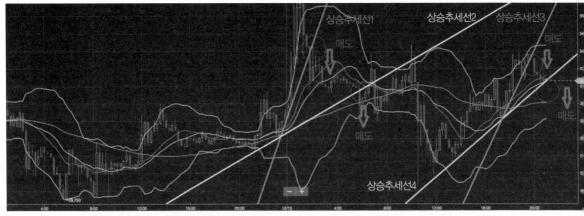

상승추세선 설정2. 완성된 상승추세선. 여기서 매도 시점은 가장 가파른 상승추세선(보라선) 이탈 시다.

하락추세선 설정

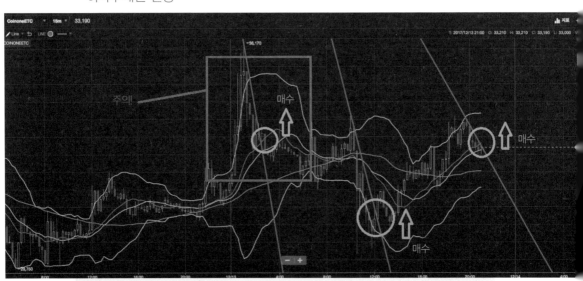

하락추세선. 하락추세선(빨간선)은 하락 시 고점과 고점을 이어서 연결한다. 정석은 하락추세선을 위로 돌파 시 매수시점이다. 다만 단순히 하락추세선 돌파로만 매수할 경우 매매에 실패할 수도 있다. 가장 왼쪽의 하락추세선은 돌파하였지만 가격이 하락함을 확인할 수 있다. 따라서 이후 나오는 보조지표, 지지선, 저항선과 함께 차트를 보는 것이 좋다.

횡보 시 추세선(지지선, 저항선) 설정

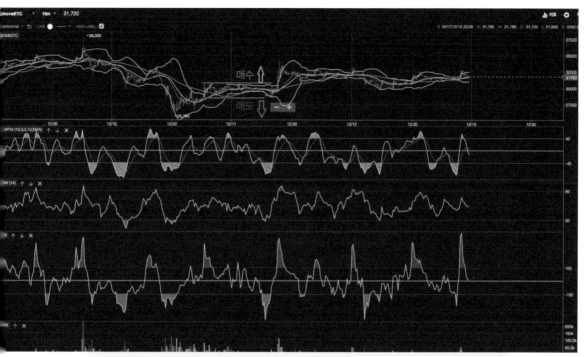

지지선 횡보 시 차트의 범위를 넓혀 지지선, 저항선을 설정한 후 저항선 돌파 시 매수, 지지선 돌파 시 매도한다.

추세선의 기울기에 너무 얽매이지 말자. 지지선, 추세선을 정하는 방식에는 정답이 없다. 다만 '마지노선'으로 판단해서 '추세선마저 이탈했으니 안정적으로 내내해아겠다'라는 마음가짐으로 거래에 임하자. 지지선, 저항선, 추세선을 참고하고 보조지표를 활용하며 거래하는 것이 거래승률을 올리는 가장 좋은 차트 매매 방법이다.

실전예제 ❶

Q. 지지선을 최대한 많이 표시해보자.

가격

해설

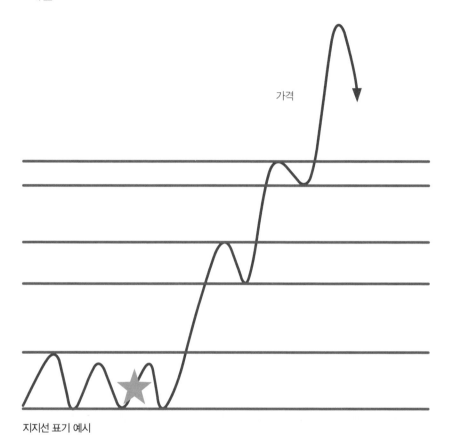

가격

지지선 표기 예시

　고점, 바닥을 형성한 점들과 횡보한 구간을 지지선으로 설정했다. 여기서 초록별 구간은 횡보를 하며 약간 수렴하고 있다. 이때 지지선의 가격에 신경 쓰기보다는 횡보한 가격대에서 반등이 올 수 있음을 염두에 두면 좋다.

실전예제 ❷

Q. 다음은 업비트의 비트코인 일봉 차트다. 현재 가격을 기준으로 지지선을
설정해보자.

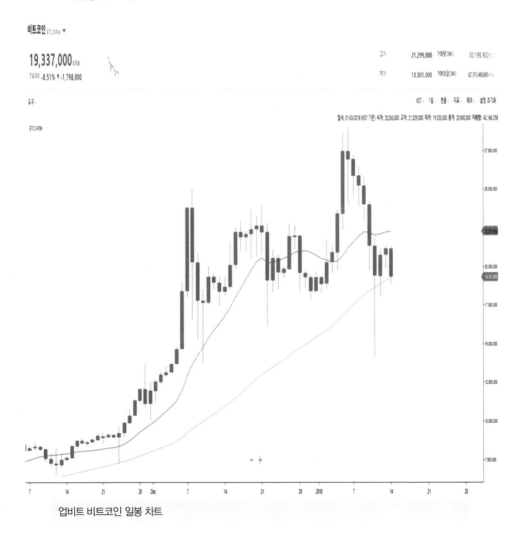

업비트 비트코인 일봉 차트

해설

지지선 예시

지지선 설정은 천장을 형성한 점, 바닥을 형성한 점을 기준으로 작성했다. 특히 그림에서 초록 화살표 구간은 바닥이 여러 번 형성되었기 때문에 지지선이 될 수 있다. 트레이더마다 약간의 오차는 있다. 정확한 매매는 보조지표와 함께 확인해야 하기 때문에 특정 가격에 집착하지 말자. 지지선 또는 저항선은 현재 가격에서 가장 가까운 가격부터 설정하면 된다.

지지선과 저항선에서 제일 중요한 것은 해당 지지선 근처에서 가격이 움직일 때 가격이 더 안내리고 지지를 받았던 사례가 많을수록 강한 지지선이 된다. 반대로 저항선 근처에서 가격이 움직일 때 더 못 오르고 저항을 많이 받았다면 강한 저항선이 된다. 반대로 지지선이 있음에도 가격이 아래로 많이 뚫리면 해당 지지선은 영향력을 잃게 되고 저항선이 있음에도 가격이 저항선 위로 많이 뚫으면 해당 저항선은 영향력을 잃게 된다.

실전예제 ❸

Q. 저항선을 최대한 많이 표시해보자.

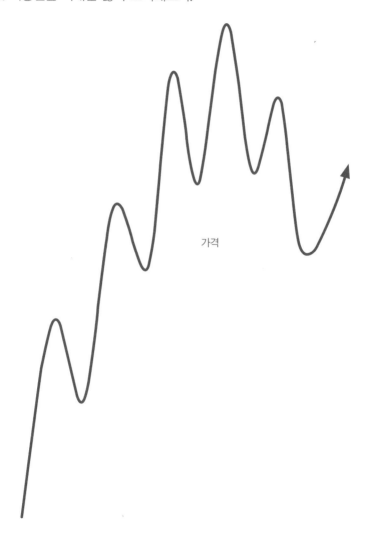

가격

해설

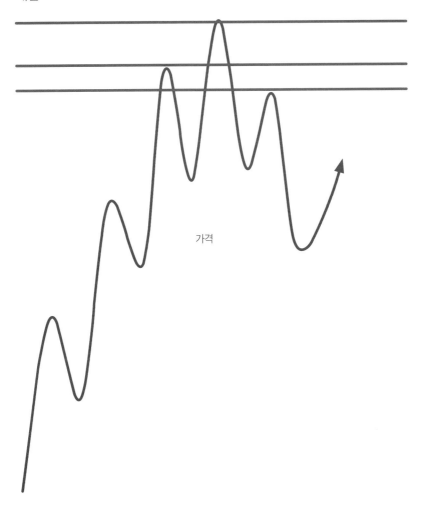

가격

　저항선은 매도 목표가격이 되기도 한다. 그림에서는 현재 가격보다 위의
가격 중 천장을 형성한 3지점이 저항선이 된다.

Q. 다음은 업비트 비트코인 일봉이다. 현재 가격을 기준으로 저항선을 표시

해보자.

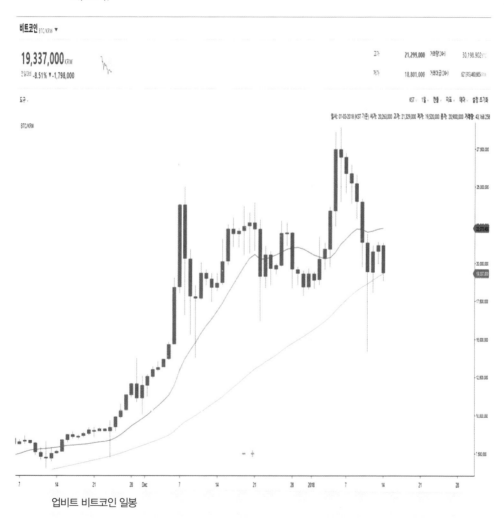

업비트 비트코인 일봉

해설

저항선 예시

천장을 형성한 가격대에 저항선을 표기했다. 저항선은 곧 매도지점이기도 하다. 또한 자주 거래할 수 없는 투자자는 저항선 또는 지지선을 간결하게 설정하고 나서 매도목표가를 저항선 전후로 설정한다.

기본 차트패턴

패턴을 몰라도 수익을 내는 비결

- 가장 많이 쓰이는 패턴은 머리어깨형, W형, M형
- 저항선 돌파 시 매수, 지지선 깨지면 매도는 기본 원칙

패턴에 얽매이지 말자

가상화폐의 차트 패턴은 주식차트의 패턴을 참고로 하는 부분이 많다. 하지만 암호화폐는 24시간 거래되고, 차트의 주기가 짧다는 특성이 있다. 그 때문에 어떤 이론들은 차트 분석가들마다 의견이 다르기도 한다. 지나고 나면 누구나 차트 패턴을 똑같이 해석하지만 차트가 진행 중일 때는 차트 패턴을 다르게 해석하는 경우가 많다. 패턴에만 의존하여 매매를 하면 패턴에서 이

탈하거나 여러 패턴이 합쳐지는 경우 해석이 힘들다. 따라서 특정 차트 패턴
에 얽매이기보다는 차트 패턴이 가지는 기본 공식을 염두에 두고 추가적으로
보조지표를 활용하면 수익을 극대화할 수 있다.

공식은 하나다

차트 패턴은 종류가 다양하지만, 매매 원리의 기초는 아래와 같다. ① 지
지선 또는 상승추세선을 하향 돌파 시 매도한다. ② 저항선 또는 하락추세선
을 상향 돌파 시 매수한다. 이 두 가지 원칙에 의해 매매해야 하며, 차트에는
가격의 흐름에 따라 차트 패턴의 유형이 난다. 지지선과 저항선의 공식을 활
용함과 동시에 추가적으로 이 책에서 알려주는 여러 보조지표를 활용한 매매
방법과 실전 매매 방법을 같이 활용한다면 수익을 극대화할 수 있을 것이다.
여러 유형이 복합적으로 나타나는 경우에 헷갈려하는 투자자들이 많다. 이
때에는 가장 가까운 시간대의 가격흐름이 조금 더 우세하다고 볼 수 있다.

아래 그림의 오른쪽 화면에서 빨간 선은 M형 같아 보이고, 초록 선은 W형 같아 보인다. 이때는 가장 가까운 가격의 패턴인 W형으로 확인한다. 바닥을 두 번 터치하고 오르는 W형 차트다.

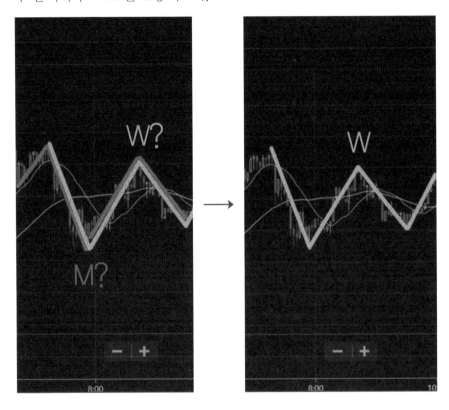

W형

W형은 '쌍바닥형'이라고도 하는 대표적인 상승전환 패턴이다. W의 바닥은 왼쪽 혹은 오른쪽 지점에서 형성되는데, 왼쪽 바닥의 저점이 더 낮은 W형이 상승전환 확률이 높다.

다양한 형태의 W형 패턴

아래 그림에서 하얀 선은 하락추세선이고, 노란 선은 W형 패턴을 나타낸다. 직전 전저점 12,250원에서 반등했다가 다시 12,250원을 지지하며 올라가는 형상을 보여주었는데, 이때 매수타이밍은 전저점을 지지하는 순간이다.

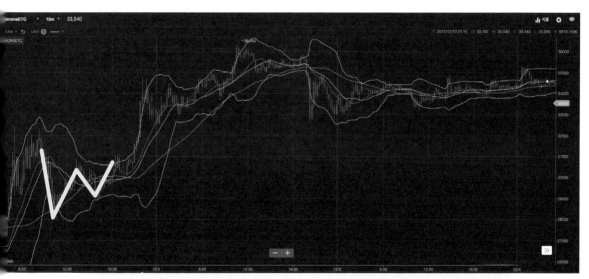

하락추세선의 기울기가 완만해지며 W형을 나타내는 하락장 대표 상승전환 패턴

M형

M형은 대표적인 하락전환 패턴으로 전고점을 뚫지 못하고 하락하는 패턴이다. 왼쪽 가격이 좀 더 높은 M형은 대표적인 전고점 돌파 실패로 하락하는 패턴이다. 오른쪽 가격이 좀 더 높은 M형의 경우 전고점을 돌파했다고 매수했다가 큰 하락으로 손실을 입을 위험성이 있다. 이때는 보조지표와 거래량 그리고 시장상황을 확인하며 거래해야 한다.

대표적인 M형 패턴

머리어깨형

W형과 M형이 단기 패턴과 중·장기 패턴에서 다양하게 나타나는 반면 머리어깨형은 중·장기 패턴에서만 주로 나타난다. 상승 초입부에서 장대양봉과 볼린저밴드 지표를 뚫는 과매수(왼쪽어깨)였다가 고점(머리)에 도달한다. 이후 전고점에 재도전했으나 실패 후 가격이 우하락 하다가 다시 상승(오른쪽어깨)한다. 이때 기대감을 주지만 전고점을 돌파하지 못하고 대폭락으로 끝나는 패턴이다. 코인판에서는 호재를 앞둔 코인들에게서 많이 보인다.

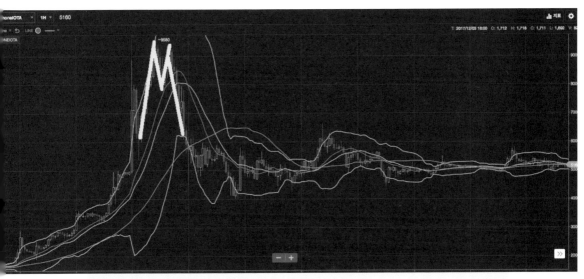

아이오타코인의 M형 패턴. 전고점을 돌파 못하고 M형 하락을 보여줌

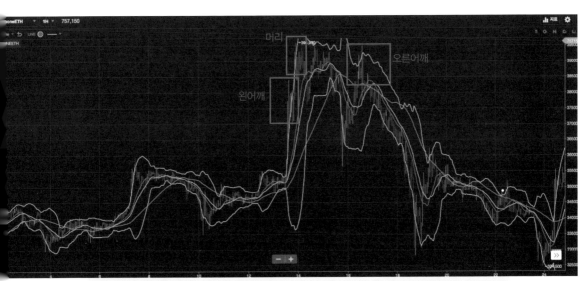

이더리움의 머리어깨형 그래프. 머리어깨형에 집착하기보다는 과매수 이후 전고점을 돌파 못 할 경우 가격이 내릴 수 있음을 염두에 두자.

역머리어깨형(삼중바닥형)

머리어깨형 차트를 거꾸로 돌려놓은 차트다. 머리어깨형과 반대로 하락 초
입부에서 장대음봉과 볼린저밴드 지표를 뚫는 과매도(왼쪽어깨)였다가 저점
(머리)을 형성한다. 이후 전저점에 도달하지 않고 가격이 상승하며 반전하는
패턴이다. 머리에서 꼭 전저점이 형성되는지 판단하기보다는 머리어깨형과
반대로 전저점보다 아래로 안 내려가고 지켜지는지 확인한다.

비트코인의 역머리어깨형 그래프

웻지(Wedge) 패턴

웻지 패턴은 상승추세, 하락추세에서 나타난다. 상승추세의 웻지는 아래
쪽 상승추세선이 위쪽 상승추세선보다 기울기가 가파른 웻지로 저가가 상승

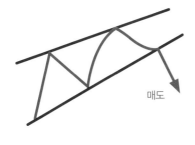

매도

매수

왼쪽은 상승 웻지, 오른쪽은 하락 웻지를 나타낸다. 지지선을 돌파할 때 매도, 저항선을 돌파할 때 매수
는 여기서도 적용된다.

추세선을 깨고 하락 시 매도시그널이 된다. 반대로 하락추세의 웻지는 위의
하락추세선이 아래의 하락추세선보다 기울기가 가파른 경우로 고가가 저가
보다 더 빨리 떨어지는 것을 뜻한다. 위의 하락추세선을 돌파하는 순간이 매
수시그널이 된다.

컵 앤 핸들(Cup and Handle)

컵앤핸들 패턴은 진입 패턴으로 확인이 가능하다. 가장 알아보기 쉽지만,
사이클이 빠른 코인판에서는 자주 보기 힘든 패턴이다. 컵은 U 모양이며 이
전 가격의 3분의 1을 되돌림하여 그릇을 나타내고, 컵이 만들어지면 다시 3분
의 1을 되돌림하여 핸들을 만든다. 핸들은 박스권을 나타내는데 이때 박스권
을 돌파하며 상승할 때가 좋은 매수타이밍이다.

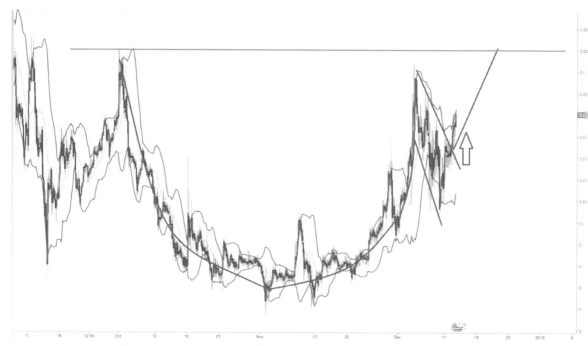

원래 가격에서 3분의 1 되돌림된 상태를 보여준다. 저항선 돌파 시 강한 상승을 기대할 수 있다.

플래그(Flag) 패턴

추세의 지속 여부를 판단할 때 플래그 패턴을 활용할 수 있다. 웻지와 달리 플래그는 같은 기울기(가격 변동폭이 일정)로 진행된다. 상승 플래그에서 지지선을 돌파할 때 매도, 하락 플래그에서 저항선을 돌파할 때 매수한다.

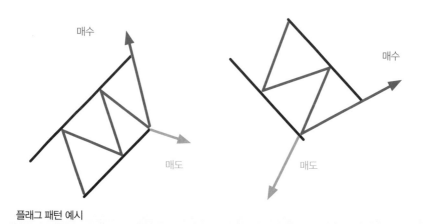

플래그 패턴 예시

BCHUSD, 60, KRAKEN O 444.5 H 445.6 L 443.1 C 445.6
ol (20) 11 129
himoku (24, 60, 120, 60) 445.0500 **459.3500** 445.6000 450.4750 433.5500

상향추세선

플래그패턴

플래그 패턴 예시. 저항선 돌파 시 매수

페넌트(Pennant)

상승 또는 하락의 큰 변동 이후 가격이 점차 수렴하는 형태로 역시 저항선을 뚫고 오르면(아래 그림의 빨간 화살표) 매수시그널이다. 주로 상승장에서 상승삼각형을 나타내기 때문에 진입 시기 패턴으로 볼 수 있다. 이것이 트라이앵글 패턴과의 차이점이다.

매수

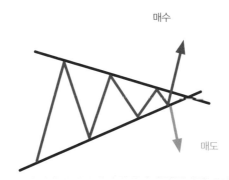

매도

저항선을 돌파할 때 매수, 지지선을 돌파할 때 매도

페넌트 삼각형

▲ 매수

페넌트 패턴. 저항선 돌파 시 강한 상승을 보여준다.

트라이앵글(Triangle)

트라이앵글 패턴은 대칭, 하락, 상승 세 가지 패턴으로 나뉜다. 가격이 점점 수렴하며 상방 또는 하방으로 자리 잡는데, 저항선을 돌파할 때 매수시그널이, 지지선을 돌파할 때 매도시그널이 된다. 페넌트 패턴과의 차이는 수렴 후 오르거나 내리는 케이스가 나뉘는 점이다. 어떤 패턴인지에 집착하기보다는 지지선, 저항선을 그려서 수렴이 끝날 때 가격이 지지선(저항선)을 뚫고 어느 방향으로 향하는지 확인하고 매수(매도)하는 데 신경 써야 한다.

대칭, 하락, 상승의 트라이앵글 패턴

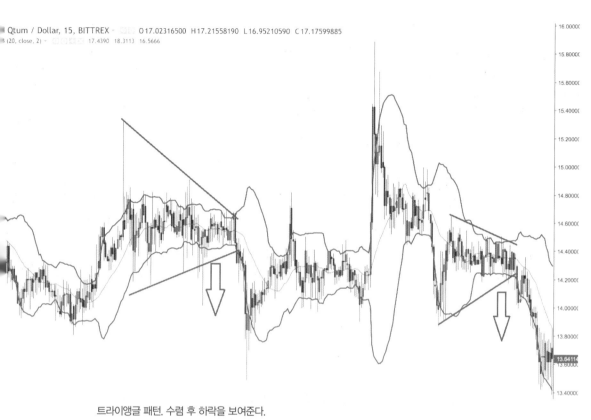

Qtum / Dollar, 15, BITTREX - O17.02316500 H17.21558190 L16.95210590 C17.17599885
(20, close, 2) - 17.4390 18.3113 16.5666

트라이앵글 패턴. 수렴 후 하락을 보여준다.

네모(Rectangle)

사각형 패턴은 박스권(횡보) 형태로 비교적 구분하기 용이하다. 저항선을
돌파할 때 매수, 지지선을 돌파할 때 매도한다.

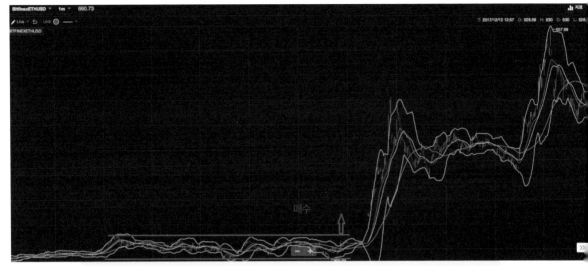

네모 패턴 예시. 횡보장과 비슷하다.

엘리엇 파동이론

주식에서 가장 대표적인 이론인 '엘리엇 파동'은 가격 상승 5파와 하락 3파로 흐름이 이어진다. 세계적인 투자회사 골드만삭스는 비트코인의 가격예측 리포트를 엘리엇 파동이론을 활용하여 발표하기도 했다. 엘리엇 파동은 다음과 같은 규칙을 지켜야 한다.

① 2번 파동의 끝점이 1번 파동의 시작점 이하로 내려가지 않는다.

② 3번 파동의 상승이 가장 크다.

③ 4번 파동의 끝점이 1번 파동의 끝점과 겹칠 수 없다.

④ 어느 한 파동이 연장되면 다른 파동들은 연장되지 않는다.

⑤ 2번, 4번 파동은 반복되지 않고 연장되지도 않는다.

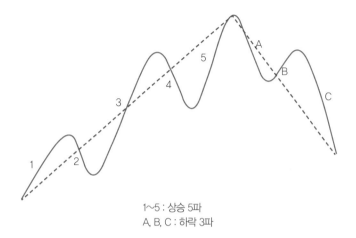

1~5 : 상승 5파
A, B, C : 하락 3파

엘리엇 파동의 예

　엘리엇 파동은 파동이 다 그려지면 알기 쉽지만 파동이 진행 중에 있을 때
는 차트 분석가들도 의견의 차이를 보이는 경우가 많다. 주식에서도 중·장기
추세 파악에 용이한 이론으로 활용하는데, 가상화폐 시장은 차트가 반복되는
사이클이 주식보다 훨씬 빨라서 거래시점을 잡기 어려울 수 있다. 또한 가상
화폐 시장이 계속 커지고 있는 상황이라 많은 코인의 가격이 우상향을 보이고
있어 엘리엇 파동을 적용하는 데 어려운 경우가 많다. 따라서 엘리엇 파동에
의존할 경우 '코인판에서 차트가 안 맞는다'라는 말을 할 수밖에 없을 것이다.

　피보나치 되돌림
　피보나치 되돌림은 엘리엇 파동과 함께 주식에서 유명한 개념 중 하나로,
피보나치 되돌림은 가격이 상승 또는 하락 시 피보나치 수열의 비율로 조정

을 예측하는 것을 말한다. 골드만삭스의 비트코인 가격 예측 역시 피보나치를 활용하는 것으로 유명하다. 상승(하락) 직후 가격이 원래 고점(저점)의 23.6%, 38.2%, 61.8%로 되돌아오는 개념이다. 이는 상승장(하락장)에서 조정 시 매수(매도) 타이밍을 잡는 데 활용할 수 있다.

피보나치 되돌림 설정 방법. 왼쪽이 코인원 프로차트, 오른쪽이 비트렉스 차트

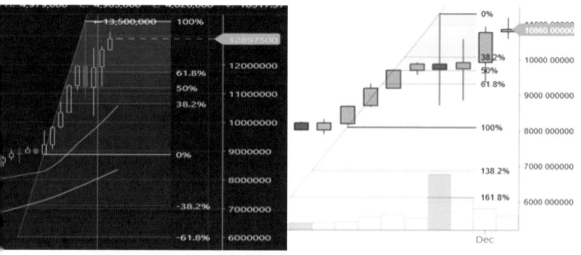

피보나치 되돌림 설정 시 예상 되돌림 가격을 확인할 수 있다.

05
활용 지표
코인판에서 잘 맞는 지표를 쓰자

지표 선정
- 모든 지표는 기본값으로 사용해도 무방
- 빠른 가상화폐 사이클을 고려하여 반영이 빠른 지표 활용

보조지표

① 거래량: 모든 지표는 거래량이 증가할 때 좀 더 확증을 준다.

거래량 ∝ 지표확증

② STCH MTM Index(스토캐스틱 모멘텀): 주어진 기간 중 움직인 가격 범위에서 오늘의 시장가격이 상대적으로 어디에 위치하고 있는지를 알려주

는 지표

$$\bullet\ \%K = \frac{(\text{현재가}-\text{X기간 중 최저가})}{(\text{X기간 중 최고가}-\text{X기간 중 최저가})} \times 100$$

%K = X기간 중 움직인 가격범위 내에 현재 가격의 위치를 백분율로
표기

• %D = %K를 Y일로 이동평균(%K선의 이동평균선)

• 기본값

%K기간, %D기간: 10일, 과매수 수치: 40 이상, 과매도 수치: −40 이하

• 골든크로스(빨간 선(%D선: 장기이동 평균선)이 하얀 선(%K선: 단기 이동
평균선)보다 아래), 데드크로스(빨간 선이 하얀 선보다 위)

• 매수: 골든크로스, 과매도 구간에서 기울기 변화, 다이버전스

• 매도: 데드크로스, 과매수 구간에서 기울기 변화, 다이버전스

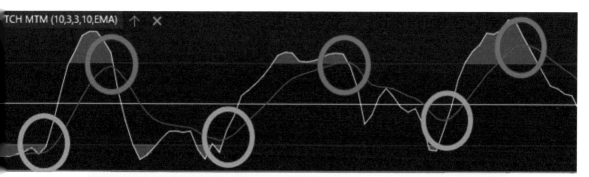

빨간 원: 데드크로스, 초록원: 골든크로스

③ Commodity Channel Index(CCI): 특정일 평균가격이 이동평균가격에서 얼마나 떨어져 있는지를 나타내는 지표로 변동성이 강해 중·장기 추세 매매보다 단기매매시점 포착에 유리

- $CCI = \dfrac{M-m}{D \times 0.015}$ (M=평균가격, m=이동평균가격, D=표준편차)

- 기본값

  기간: 20일 기준, 과매수 수치: 100 이상, 과매도 수치: −100 이하

- 매수: 과매도 구간에서 기울기 변화, 다이버전스

- 매도: 과매수 구간에서 기울기 변화, 다이버전스

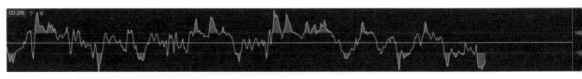

CCI지표 예시

④ Money Flow Index(MFI): 자금이 얼마나 유출되고 유입되는지와 같은 힘의 강도를 측정하는 모멘텀 지표로 RSI지표는 가격만으로 강도를 측정하는 데 비해 MFI는 거래량도 포함하여 강도를 측정하므로 MFI를 사용

- $MFI = 100 - \left(\dfrac{100}{1+MoneyRatio}\right)$

$$Typical\ Price = \frac{고가 + 저가 + 종가}{3}$$

$$Money\ Flow = Typical\ Price \times 거래량$$

$$+\ Money\ flow = Money\ flow\ 양수의\ 합,$$

$$-\ Money\ flow = Money\ flow\ 음수의\ 합$$

$$Money\ Ratio = \frac{[+Money\ flow]}{[-Money\ flow]}$$

- 기본값

  기간: 14일 기준, 과매수수치: 80 이상, 과매도수치: 20 이하

- 매수: 과매도 구간에서 기울기 변화, 다이버전스

- 매도: 과매수 구간에서 기울기 변화, 다이버전스

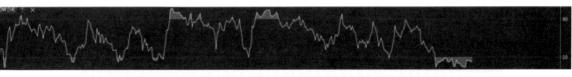

MFI지표 예시

⑤ Bollinger Bands(BB): 가격이 20일 이동평균선 중심으로 표준편차(약 96.5%) 범위 안에서(밴드 안에서) 움직이는 지표

- 밴드폭이 좁아지거나 넓어지면 가격 변동이 일어남

- 1시간봉 볼린저밴드 과매수 터치일 경우 매도

- 매수: 볼린저밴드 하단부 돌파 동시에 매도량 감소

- 매도: 볼린저밴드 상단부 돌파 동시에 매수량 감소

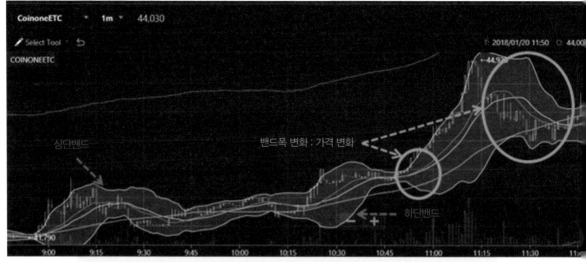

Bollinger Bands 예시

  보조지표에는 상승추세선, 하락추세선, 지지선, 저항선과 같은 추세선을 이용한 방법, 거래량 지표(MFI)를 활용한 방법, 모멘텀(강세) 지표(STCH MTM, Ichmoku cloud, Bollinger bands) 등 많은 자료들이 있다. 여러 지표를 활용해보니 MFI, Bollinger bands, STCH MTM index, CCI가 가격 반영이 빠르고, 다른 지표보다 정확하다는 것을 알 수 있었다.

  주식에서 많이 사용하던 MACD는 잊자. "코인판은 차트가 안 맞는다"고 하는 이들이 많다. 그럴 만한 이유가 있다. 코인판은 사이클이 굉장히 짧기 때문이다. 많이 쓰이는 지표들의 반응이 느려서 매수·매도타이밍을 놓치는 경우가 많다. 차트 사이트에서 기본 설정을 해놓는 것만으로도 충분하다. 모든 지표는 매수 혹은 매도시그널을 포착한다. 거래량이 증가된 상태라면 시그널을 좀 더 확증할 수 있다. 지표들이 모두 시그널을 줄 경우 더욱 확증할 수 있다. 나는 최소 두 개 지표 이상 매수·매도시그널을 포착할 때에만 거래한다.

세 개 이상 지표에서 시그널을 확인할 경우 과감히 거래해왔으며 아직 실패해본 적이 없다. 만약 한 개의 지표에서만 시그널을 확인할 경우 스킵한다. 이 경우 거래 타이밍을 가져가기에 애매한 경우가 많기 때문이다. 또한 시그널이 보이지 않을 때는 거래를 쉬기도 한다.

처음에는 지표의 기본 값을 사용하되 내 매매스타일에 맞게 지표의 세부 설정을 바꿔볼 필요가 있다. 내가 생각한 타이밍보다 지표가 느리게 반영된다고 생각하면 주기를 짧게 바꿔보고 매도 타이밍보다 빠르다고 생각되면 주기를 늘려보는 식으로 나에게 맞게 재설정한다.

06

크맨의 차트 매매 5가지 비법
하루에 1% 더 수익이 나는 매매비법

차트와 호재와의 관계
- 악재는 호재보다 강하다
- 호재를 앞둔 상황에서 차트의 형태가 무너질 경우 차트를 우선하자

투자자들은 대부분 코인의 로드맵상에 기술적 개발단계 또는 기업 제휴 등이 있으면 호재로 받아들인다. 이러한 호재를 앞두고는 막연히 상승을 기대해 매수하고 마냥 기다리는 경우가 많다. 하지만 이러다가 큰 문제나 위기를 마주할 수도 있다. 해당 코인의 호재와 코인판의 전반적인 악재가 동시에 발생할 경우 호재와 관계없이 가격이 떨어지는 일이 비일비재하기 때문이다.

'호재니까 오르겠지' 하고 생각하다가 손실을 볼 가능성이 높다.

전반적인 악재가 발생하면 차트의 지지선이 아래로 깨지면서 하락한다. 예를 들면 아래 그림에서 차트 매매투자자는 '지지선이 뚫릴 경우 손절'이라는 기본공식을 발동해 15,000원 아래로 떨어지면 손절하여 손실을 줄인다. 하지만 '호재도 있으니까 버텨보자'라고 생각하는 투자자는 어떻게 될까? 가격이 6,650원까지 떨어졌을 때 금전적 손실은 물론 커다란 정신적 타격을 입는다.

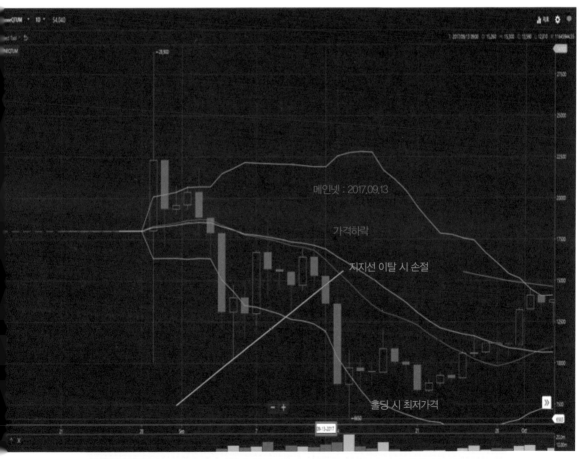

메인넷 : 2017.09.13

가격하락

지지선 이탈 시 손절

홀딩 시 최저가격

퀀텀 일봉 차트

2017년 9월 초, 중국의 거래소 폐쇄 및 규제가 공식화되며 호재를 앞둔 코인들도 가격이 일제히 하락했다. 당시 퀀텀코인은 가상화폐를 블록체인화하여 첫걸음을 시작하는 메인 행사를 앞두고 중국 거래소에서 거래가 많이 이뤄지고 있었다. 때문에 중국 정부의 거래소 폐쇄는 큰 타격이 되었다.

호재·악재를 파악하지 못하더라도 차트를 보며 수렴 후 상승할 때에는 매수를 고려하고, 상승추세선 혹은 지지선을 이탈하는 경우 매도를 고려하는 것이 무작정 호재·악재의 반영을 기다리는 것보다 현명한 투자 방법이다.

차트 매매 시 나타나는 가장 큰 실수
- 1분봉만 보는 것
- 한 코인 차트만 보는 것

스캘핑투자자라고 해서 1분봉만 보다가는 매도타이밍을 너무 짧게 잡을 수 있고, 가격이 떨어질 때 지지선을 확인하지 못하여 매수 후 손실을 입을 수 있다. 나무만 보지 말고 숲을 봐야 한다. 자금의 흐름에 따라 코인별로 돌아가며 상승하거나 차트가 반대로 움직이는 경우도 있다. 때문에 한 코인의 차트만 보는 건 다른 코인의 매수타이밍을 놓쳐버리게 되는 셈이다. 거래하려는 코인의 매도 시기가 다가오면 매도 후 가격이 반대로 움직이는(디커플링) 코인의 차트를 찾아 매수타이밍을 노려볼 만하다.

1분봉만 볼 경우 큰 그림을 볼 수가 없다. 위는 1분봉 차트, 아래는 15분봉 차트다.

포지션	거래간격	주활용 차트 간격	거래 화폐 개수
스캘핑투자자	1분~1시간	1분, 5분, 15분, 1시간	1~2 종류 집중
데이트레이더	1일 이내	15분, 1시간	1~4 종류
스윙투자자	3~30일	1시간, 2시간, 1일	2~4 종류
장기투자자	1~6개월	1일, 1주	3~4 종류
파종투자자	3~6개월	1일	7종류 이상

이 책에서는 단기든 중장기든 모든 투자자가 알아야 할 투자 방법을 소개한다. 또한 투자 주기에 따라 차트 주기의 기준을 잡고 분석하는 방법도 소개한다. 예를 들어 '스캘핑(Scalping)'이라 불리는 초단기투자자는 1분봉만으로 거래한다고 생각하기 쉽다. 하지만 15분, 1시간봉도 확인하며 거래하는 것이 좋다. 1시간봉에서 매수시그널이 나온다는 말은 그 전에 떨어진 가격이 다시 되풀이한다는 것을 의미한다. 이러한 흐름을 파악하면 매수시그널을 확증할 수 있다.

투자할 때는 거래를 시작하기 전부터 큰 흐름을 파악해야 한다. 본업 때문에 혹은 여러 상황 때문에 차트를 자주 볼 수 없다면 차트 주기를 임의로 조정하여 거래한다.

누군가에게 코인 투자는 '취미'이고, 누군가에게는 '생존전투'다. 여건이 허락되는 한 자주 볼 수 있도록 차트 주기를 조율하고 투자하자. 장기투자자가 아니면 너무 많은 코인에 투자하는 것은 조심해야 한다. 대세 상승장에서 매수한 코인들을 돌아가며 익절할 수 있지만 하락장에서는 코인 대부분이 동시에 떨어져 손절타이밍을 놓칠 수 있다.

알트코인 위주로 투자하더라도 비트코인차트와 시가총액차트는 늘 참고하는 것이 좋다. 비트코인은 해외 많은 거래소에서 기축통화로 삼아 거래하기 때문에 알트코인에 영향을 줄 수 있다. 또한 시가총액은 시가총액차트에서 유지, 상승, 하락을 확인할 수 있다.

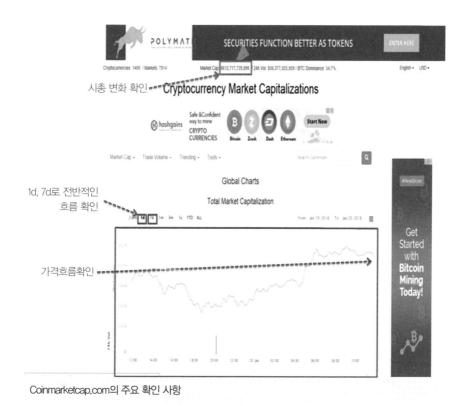

Coinmarketcap.com의 주요 확인 사항

차트에서 다이버전스(Divergence)란 가격과 지표가 반대로 움직이는 것을 의미한다. 가격은 오르는데 지표는 내리거나, 가격은 내리는데 지표는 오르는 경우다. 이때 가격의 추세가 변하는 경우가 생기지만, 코인판에서는 매수세가 점점 약해지며 지표의 저점이 내려가더라도 일단 매수가 붙으면 보조

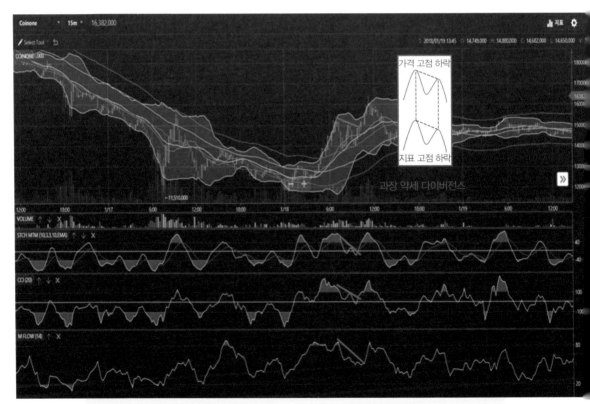

과장약세다이버전스로 하락을 예상할 수 있었지만, 가격은 일단 상승했다.

지표를 무시하고 강하게 오르기도 한다. 따라서 트랩에 걸리지 않고 매도하려면 분할 매도를 고려해보는 한편, 전고점을 돌파하는지 여부도 파악해야 한다.

스마트폰으로 차트거래를?
- 스마트폰으로도 충분하다
- 보조지표를 크게 보자

나는 거래의 90% 이상은 스마트폰으로 했고 수익을 내왔다. 사실 컴퓨터로 여러 차트를 보면 거래속도가 더 빠르고 차트를 분석하기도 더 수월하다. 하지만 본업에 신경을 쓸 때는 컴퓨터로 차트를 볼 수 있는 시간이 없다. 스마트폰으로 투자한다고 해서 매매승률이 떨어지는 것은 아니다.

물론 스마트폰으로 거래하려면 필요한 것들이 있다. 제일 필요한 것은 '숙달'이다. 차트로 매수타이밍 또는 매도타이밍을 확인한 후 탭전환을 해 거래소 창으로 가서 매수, 매도를 한다. 이 과정을 수없이 연습하면 컴퓨터로 매매하는 만큼의 속도는 아니더라도 충분히 빠른 거래가 가능하다.

스마트폰으로 거래할 때는 보조지표를 확인할 수 있을 만큼 충분한 공간을 확보해야 한다. 나는 봉차트는 최소한으로 줄여놓고 보소시표에 더 많은 공간을 할애한다. 이를 통해 작은 가격변화 움직임도 보조지표로 확인한다.

나의 스마트폰 매매 시 인터넷 목록. 거래소, 시세차트, 프리미엄차트, 시가총액차트면 충분하다.

차이가 느껴지는가? 보조지표를 작게 해놓으면 없는 것과 같다. 보조지표의 가독성을 유지하면서, 가격을 보기 위해 차트의 범위를 넓혀 지지선·저항선을 확인하는 것으로 좁은 봉차트 부분을 보완해주면 폰차트로도 충분히 보조지표를 확인하고 거래할 수 있다.

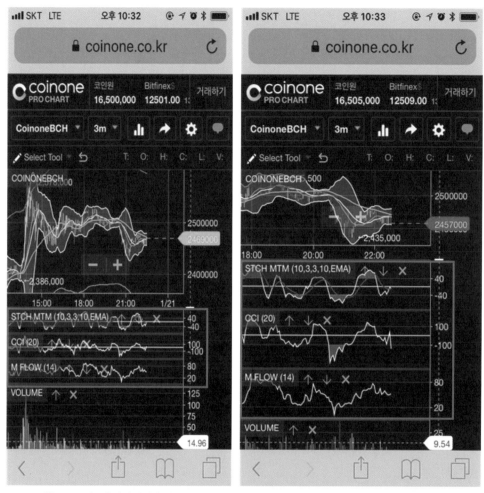

왼쪽: 보조지표가 의미 없어진 차트, 오른쪽: 나의 핸드폰 차트 예시

Chapter 02

차트매매 실전

01

알면 적어도 손해는 안 보는
지지선, 저항선, 추세선을 이용한 매매

가장 기초적인 매매 방법
- 지지선 하향 이탈 시 매도, 저항선 상향 이탈 시 매수
- 다른 매매 방법의 기초가 되는 방법

지지선, 저항선, 추세선을 이용한 매매 방법은 앞의 공식(1장의 31페이지, 40페이지)에 충실하면 된다. 지지선 및 상승추세선을 하향 이탈 시 매도하고, 저항선 및 하락추세선을 상향 이탈 시 매수하는 것이다. 이 방법을 통한 매매가 제일 확실하지만, 주식투자자를 포함한 수많은 투자자들이 이와 같은 방식으로 투자를 하기 때문에 지지선, 저항선, 추세선만으로 매매하는 것으로

는 고점에 매도하고 저점에 매수하는 것이 불가능하다. 따라서 다른 매매 방법을 참고하면서 분할 매수·매도를 한다.

특히 지지선, 저항선, 추세선이 상방 또는 하방으로 기존의 흐름을 깨는 순간에 다른 투자자들도 매수 또는 매도를 하리란 것은 눈에 보듯 뻔하다. 이를 염두에 두고 남은 물량을 전액 매도하는 것도 좋다. '남들도 다 하는' 방법이기 때문에 모르면 손해를 볼 수 있다.

> **로그스케일 차트를 놓치지 말자**
> - 단기: 등간격(Linear) 차트 활용
> - 장기: 로그스케일(Log Scale) 차트 활용
> - 등간격 차트에서 강한 상승 또는 강한 조정이라고 느끼더라도 로그스케일 차트로 보면 다르게 해석할 수 있다

차트의 세로(Y) 축은 가격을 표시한다. 표시 방법은 크게 같은 가격의 간격으로 나타내는 등간격(기본값)과 상승률로 나타내는 등비율(로그스케일)이 있다. 투자자들에게 제일 중요한 것은 몇 만 원이 상승한 것이 아닌, 몇 퍼센트가 상승했는지 여부다. 등간격 차트는 가격 변화가 크지 않거나 단기적인 그래프에서 보기 좋다.

로그스케일 차트는 3개월 이상 장기적인 그래프에서 가격의 등락을 좀 더 보기 좋게 나타낸다. 가격 상승에 따른 상대적인 수익 및 손실 상황을 확인하기 좋으니 참고하자.

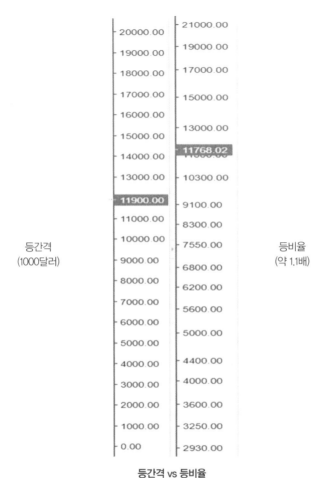

등간격
(1000달러)

등비율
(약 1.1배)

등간격 vs 등비율

등간격(좌) 차트 눈금과 등비율(우) 차트 눈금

로그스케일 차트 설정방법

사이트별로 로그스케일 차트를 설정하는 방법은 다음과 같다. 기존 차트인 Linear 차트와 로그스케일 차트를 같이 열어두고 비교해보면 가격흐름의 차이를 비교할 수 있다.

① cryptowat.ch

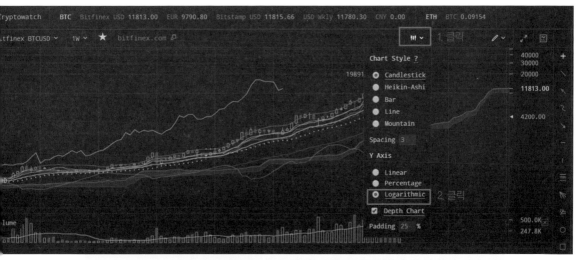

cryptowat.ch의 로그스케일 차트 설정방법

② coinmarketcap.com

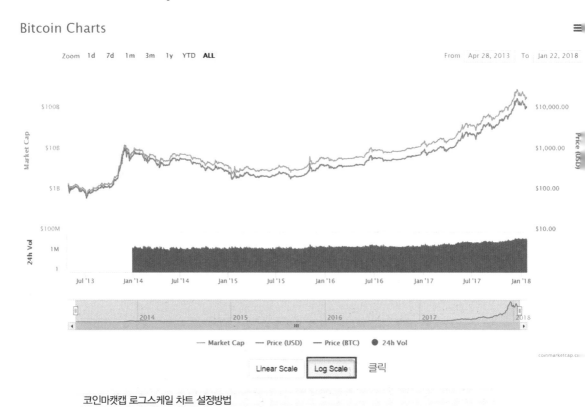

코인마켓캡 로그스케일 차트 설정방법

파란 선은 시총을 나타내며 초록선은 가격(달러)를 나타낸다. 비트코인은
기축통화 역할을 하므로 시총과 같은 비율로 등락을 보여왔다.

③ Tradingview.com

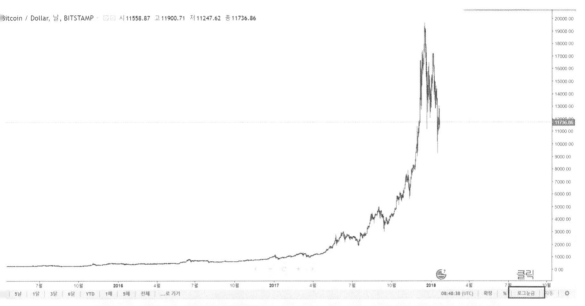

Bitcoin / Dollar, 날, BITSTAMP · □☒ 시 11558.87 고 11900.71 저 11247.62 종 11736.86

Tradingview의 로그스케일 차트 설정방법

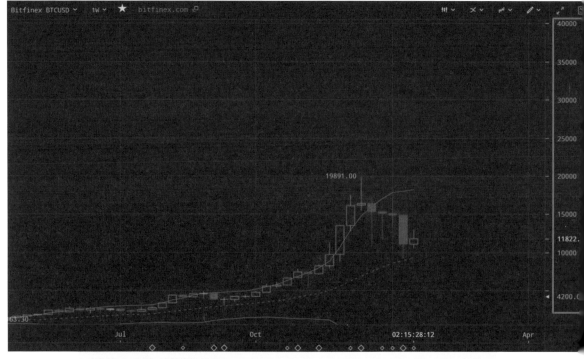

기본값(Linear) 비트코인 주봉 차트

일반(Linear) 차트와 로그스케일 차트로 같은 봉을 비교해보면 명확한 차이를 확인할 수 있다. 위의 그림은 2018년 1월 기준 비트코인의 주봉 차트다. 왼쪽은 기본값으로 설정된 Linear(등간격) 차트이고 오른쪽은 세로축을 등비율로 나타낸 Log Scale(등비율) 차트이다. 차트를 보면 가격 조정이 진행 중이다. 등간격 차트에서는 이미 강한 매도가 이루어졌으나, 등비율 차트에서는 아직 조정이 강하지 않은 상태로 하락의 여지가 더 있음을 확인할 수 있다.

따라서 비트코인의 가격이 계속해서 상승하더라도 단순 가격 상승만으로

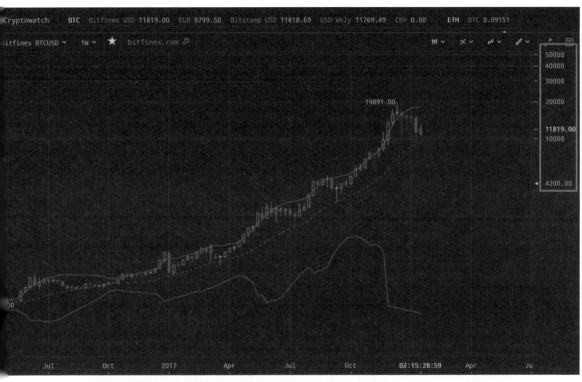

로그스케일(Log Scale) 적용 비트코인 주봉 차트

정확한 상승 퍼센트를 확인할 수 없다는 점을 염두에 두고, 가격 차이와 함께
등락 퍼센트도 함께 확인하자.

실전예제 ❶

Q. 현재 이더리움클래식 BTC 마켓의 차트는 다음과 같다. 상승추세선, 저항

선을 그려보고 현금 포지션에서 매수시점을 확인해보자.

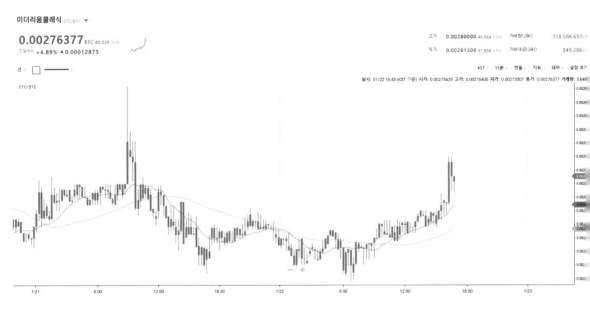

해설

　　지지선, 저항선, 추세선을 표기하면 위와 같다. 빨간 원의 지점은 추세선1 또는 추세선2 또는 추세선3을 터치하며 반등 시 좋은 매수타이밍이다. 반대로 코인 홀딩 포지션일 경우에는 가격과 가장 가까운 추세선인 추세선1 하향 돌파 시 매도한다. 가격이 내리면 가장 가까운 지지선 또는 상승추세선 중 가격이 더 가까운 곳을 반등 포인트로 잡고, 매도한 코인을 매수해 개수늘리기를 하거나 추가 매도를 고려한다.

실전예제 ❷

Q. 네오코인의 차트는 다음과 같다. 현재 가격에서 손실을 입고 있는 상태라
면 어디서 손절해야 하는지 체크해보자.

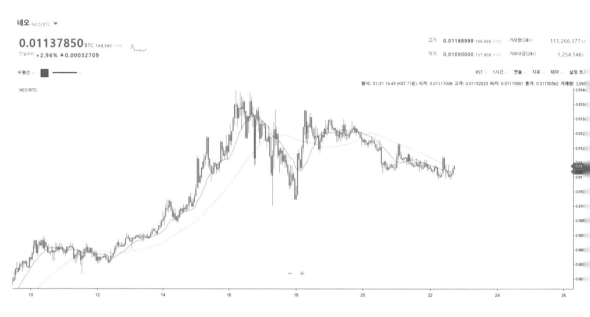

100

해설

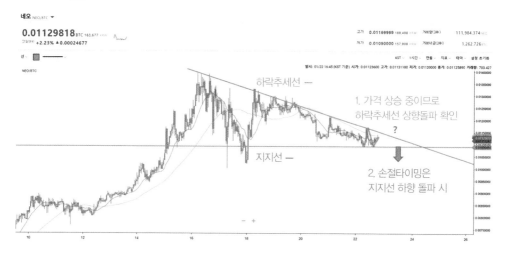

하락추세선은 현재 가격과 가장 가까운 천장과 천장을 연결하여 작성했다. 현재 지지선에서 두 번 바닥을 찍고 상승전환 추세인 W형태를 그리고 있다. 여기서 하락추세선 상향 돌파 시 추세전환을 확인할 수 있다. 만약 추세선 상향돌파 실패 후 지지선에서 가격이 내리면 손절한다.

따라서 현재는 매수한 코인을 손절하기보다 하락추세선을 뚫을지 지켜보는 것이 중요하다. 매도를 한다면 상향추세선을 돌파하지 못하고 내릴 때 하는 것이 좋다.

Q. bitfinex 이더리움클래식의 차트가 다음과 같다. 현재 가격에서 지지선 또는 저항선 또는 추세선을 그려보자.

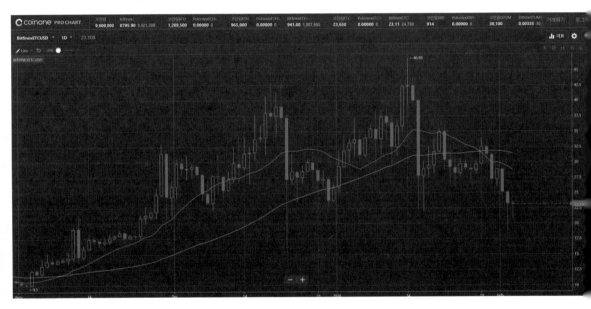

해설

가격이 하락추세이므로 지지선 및 하락추세선을 그린다. 현재 가격 근처에
여러 지지선이 있으므로 현금포지션일 경우 분할로 매수를 시도해볼 수 있는
구간이다.

실전예제 ④

Q. 다음은 Bittrex의 퀀텀코인의 차트다. 차트의 지지선과 저항선을 그려보자

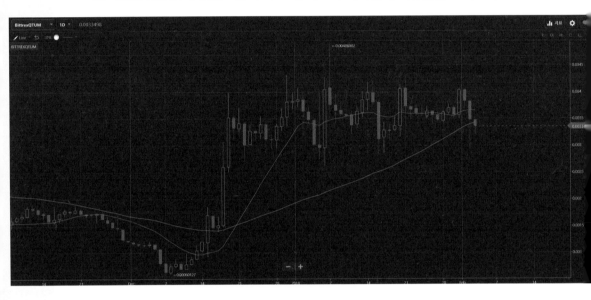

해설

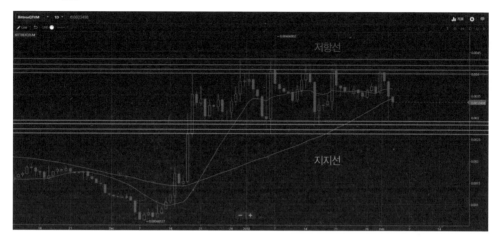

　가격의 지지선과 저항선을 그려본다. 약 2주 간격으로 지지선과 저항선
사이에서 가격이 움직이고 있다. 주의할 점은 가격이 사토시로 표기돼 있
다는 점이다. 2018년 1월 7일~2월 2일의 퀀텀의 실제 가격은 7일 가격 대비
50% 이상 손해가 났지만, 위의 차트는 BTC마켓의 차트이므로 비트코인의
상대적인 가격으로 나타난다. 따라서 해외거래소 투자자 중 BTC마켓에서
거래할 때는 비트코인의 가격도 같이 확인해야 한다.

02

한 눈 감고도 할 수 있는 쉬운 매매법

골든크로스, 데드크로스를 이용한 매매

제일 쉬운 매매 방법
- 골든크로스 타이밍에 매수한다
- 데드크로스 타이밍에 매도한다
- 가장 쉽지만 고점매도, 저점매수 하기 어려운 방법

    1장에서 언급한 대로 골든크로스는 매수타이밍, 데드크로스는 매도타이밍
으로 활용할 수 있다. 차트사이트에서 %K선은 검은 선 또는 하얀 선으로 표
기된다. STCH MTM INDEX(스토캐스틱 모멘텀) 지표는 MACD지표보다 빠르
게 반응하는 특징이 있다. 따라서 나는 사이클이 빠른 코인판에서 MACD보

다 스토캐스틱 모멘텀 지표를 활용한다.

　이 매매법은 쉽고 간단하지만, 이평선의 간극이 멀어질 경우 타이밍을 잡는 게 힘들다. 때문에 단순히 골든크로스나 데드크로스만을 이용한 매매로는 고점매도나 저점매수가 어려울 수 있다.

골든크로스의 매수타이밍

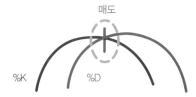

데드크로스의 예시

조금 더 강한 신호, 교차타이밍에 있다

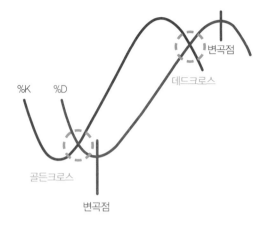

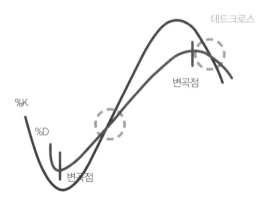

더 강한 확증을 나타내는 교차타이밍

%D선이 먼저 변곡점(고점을 찍고 내리거나, 저점을 찍고 오르는 점)을 그리고 골든크로스나 데드크로스가 나타나면 좀 더 강한 상승·하락을 기대할 수 있다.

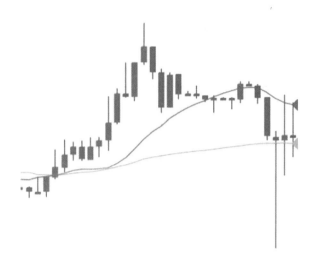

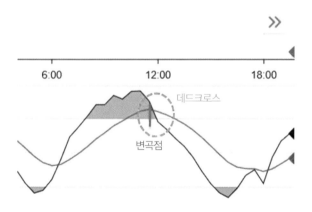

%D선이 변곡점을 찍고 데드크로스를 그린 예시

지표설정

Stochastic Momentum Index		기본값	단기	장기
%K Periods	단기이평선 기간	10	5	20
%K Smoothing Periods	장기이평선 조정기간	3	3	12
%K Double Smoothing Periods	장기이평선 조정기간2	3	3	12
%D Periods	장기이평선 기간	10	3	120
%D Moving Average Type	장기이평선 종류	Expone ▾		
%K	단기이평선 색			
%D	장기이평선 색			
Show Zones ☑				
OverBought	과매수 기준값	40		
OverSold	과매도 기준값	-40		
Create				

지표설정의 예시. 개인에 맞게 수정해도 좋고, 기본값으로 투자해도 무방하다.

　지표는 기본값으로 설정해도 무방하지만, 스캘핑을 하거나 조금 더 짧은 주기로 지표를 보고 싶다면 위의 수치를 활용해 변경해도 좋다. 간격을 짧게 조정할수록 지표의 곡선이 가격에 더 민감하게 반응하지만, 너무 자주 골든크로스와 데드크로스가 나타나서 타이밍을 잡기가 오히려 더 어려울 수도 있다. 보조지표의 수치는 본인의 스타일에 맞게 조정할 수 있으므로 정답은 없다는 것을 기억하자.

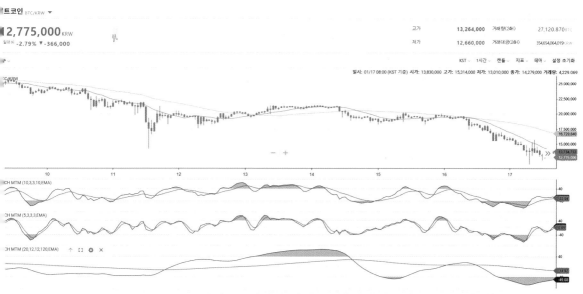

같은 STCH MTM 지표라도 주기변경에 따라 매수·매도타이밍에 차이를 보인다.

힌지(Hinge)

%K선(하얀 선 또는 검정 선)의 움직임이 둔화되는 상태를 말한다. 과매수 구간(40 이상) 또는 과매도 구간(-40 이하)에서 힌지가 나타날 경우 추세전환이 예고된다. 힌지는 ① 하락전환 힌지(과매수 구간에서 힌지 이후 데드크로스가 등장하며 하락추세 전환) ② 상승전환 힌지(과매도 구간에서 힌지 이후 골든크로스가 등장하며 상승추세 전환)로 나눌 수 있다.

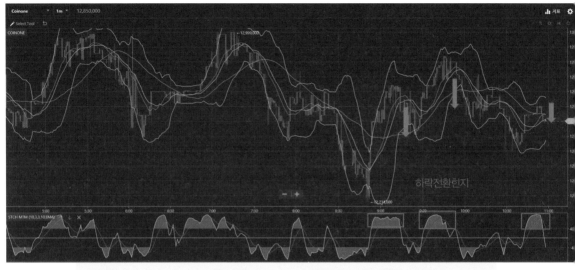

하락전환 힌지, 과매수 구간에서 힌지 이후 데드크로스가 등장하며 가격이 하락하고 있다.

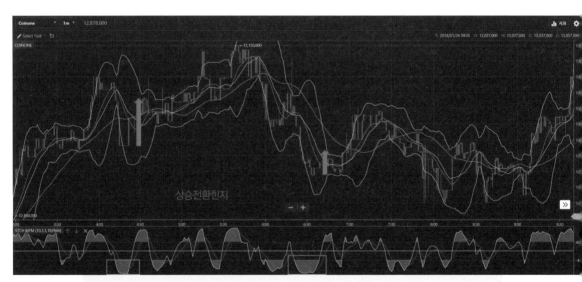

상승전환 힌지, 과매도 구간에서 힌지 이후 골든크로스가 등장하며 가격이 상승하고 있다.

리테스팅(Retesting)

STCH MTM INDEX 지표가 %K선과 %D선의 지표 수치에 조정이 오면서 가격이 오르거나 내리는 것을 리테스팅이라 한다. 하락 리테스팅은 데드크로스 이후 %K선의 일시적인 조정 후 지표하락인 경우를 말하며 하락추세 지속 또는 강화를 나타낸다. 상승 리테스팅은 골든크로스 이후 %K선의 일시적인 조정 이후 지표상승인 경우를 나타내며 상승추세 지속 또는 강화를 나타낸다. 지표 수치의 일시적인 조정이 끝나면 추세가 지속되거나 강해지고 골든크로스, 데드크로스가 나타나지 않으면서 리테스팅이 나타날 경우 추세가 더 강해진다.

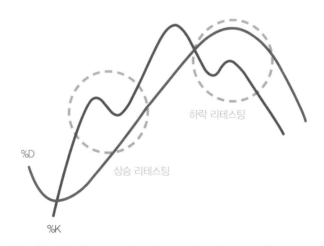

상승 리테스팅과 하락 리테스팅

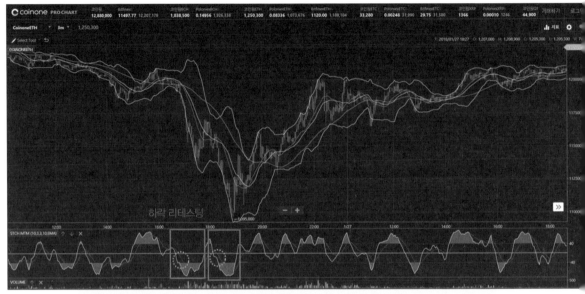

하락 리테스팅 예시. %K선에 일시적인 조정이 오며 하락추세가 지속됨을 보여주었고, 가격 역시 하락
하였다. 하락 직후 한 번 더 리테스팅을 보여주며 하락추세가 추가적으로 나타났다.

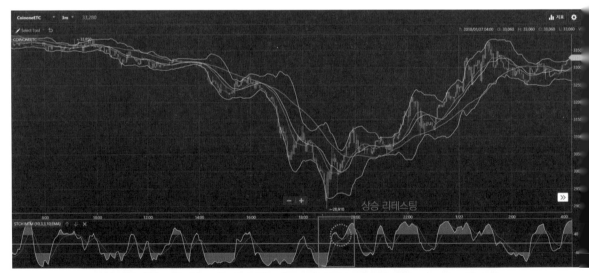

상승 리테스팅 예시. %K선에 일시적인 조정이 오며 상승추세가 지속됨을 보여준다.

추세전환 실패(Failure)

　신고점 또는 신저점을 갱신하는 경우에 추세전환 실패가 나타날 수 있으며 크게 두 가지로 나눌 수 있다. ① 과매수 구간(40 이상)에서 데드크로스 이후 과매수 구간(40)을 넘지 못하고 다시 골든크로스가 나타나는 경우에 상승추세 강화를 의미한다. 신고점 또는 전고점 돌파 시 나타날 수 있다. ② 과매도 구간(-40 이하)에서 골든크로스가 나타나고 과매도구간(-40 이하)를 넘지 못하고 다시 데드크로스가 나타나는 경우다. 신저점 또는 전저점 돌파 시 나타날 수 있다.

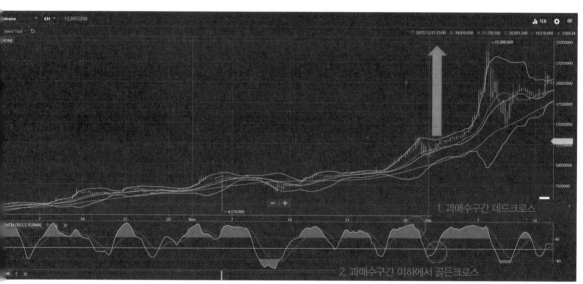

추세전환 실패의 예시. 전고점(신고점)

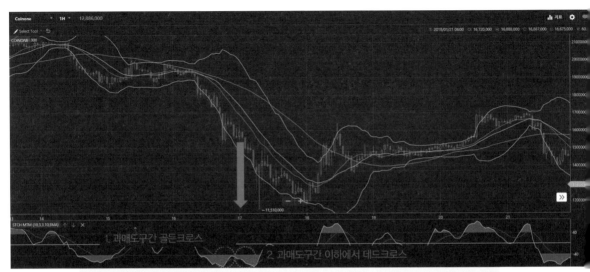

추세전환 실패의 예시. 전저점(신저점) 갱신

    과열과 급등·급락이 많은 코인차트에서 추세전환 실패는 자주 볼 수 있다. 추세전환과 함께 지지선·저항선 가격도 같이 확인해 거래하는 것이 좋다.

Q. 골든크로스를 활용한 매수타이밍 찾기. 다음 라이트코인 차트에서 골든
크로스를 표시해 보고 매수타이밍을 예측해 보자.

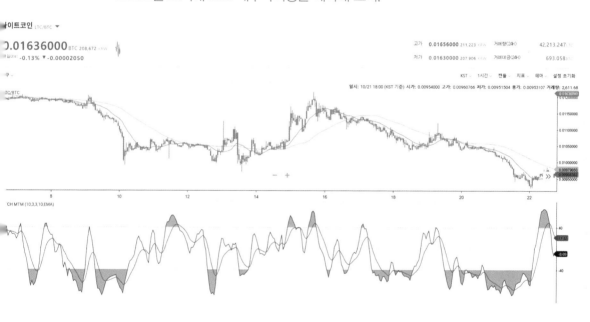

해설

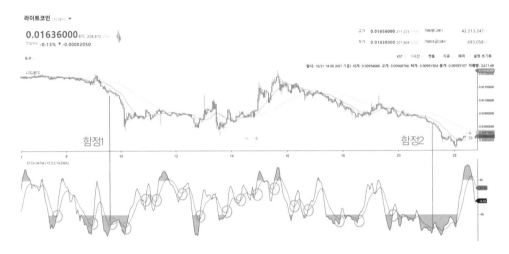

　　골든크로스를 찾는 것은 어렵지 않다. 많은 골든크로스 직후 가격이 오르는 것을 확인할 수 있다. 주의해야 할 것은 가격 하락 시 무작정 데드크로스를 기다렸다 매매하려고 하는데, 실제로는 급격하게 떨어진 경우도 있다(매매하려는데 이미 내린 경우가 있다). 따라서 지지선, 저항선 및 타 보조지표도 같이 활용하는 것이 좋다.

실전예제 ❷

Q. 다음은 비트코인 일봉 차트다. 현재 가격에서 차트의 흐름을 예상해 보자.

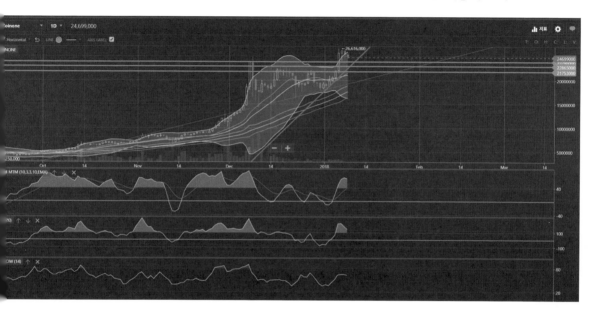

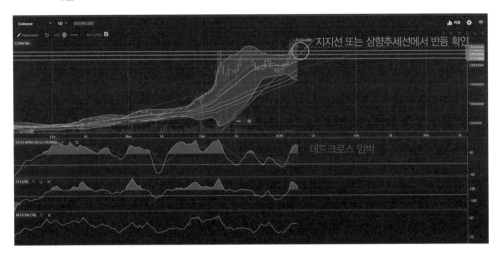

스토캐스틱 모멘텀 지표는 과매수 구간(지표값 40 이상)이다. 여기서 지표의
데드크로스가 임박해 있다. 현금 포지션이라면 가격 하락이 시작되었으므로
조정이 올 수 있다. 그럴 경우 지지선 또는 상향추세선에서 반등하는지 확인
하고 진입하는 것이 정석이다.

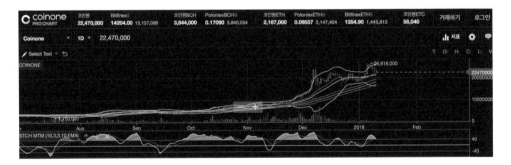

결과는 다음과 같다. 조정을 넘어 상승추세선을 이탈하였으므로 매도했다면 원칙에 맞는 좋은 거래였다.

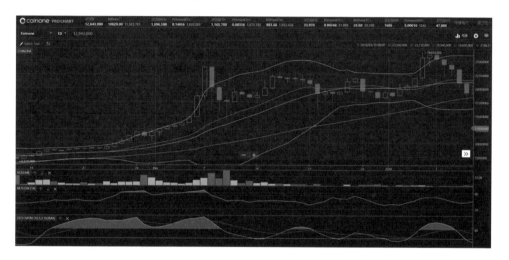

실전예제 ❸

Q. Bitfinex의 이더리움클래식 차트가 아래와 같다. 현재 시점에서 이더리움

클래식의 가격흐름을 예상해보자.

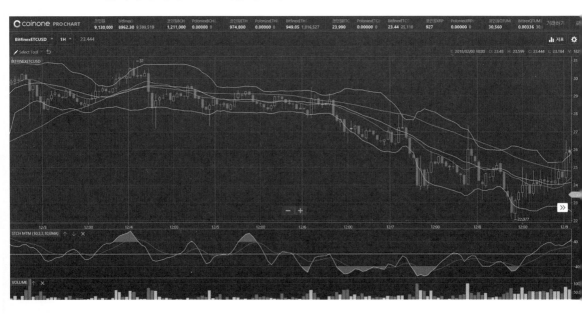

해설

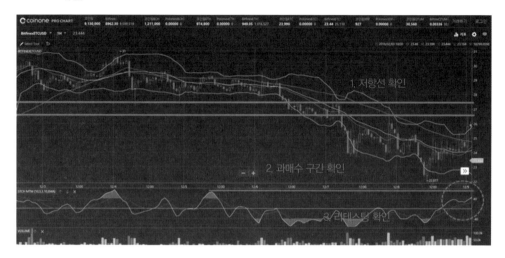

　가장 먼저 가격이 오르고 있으므로 저항선을 확인한다. 두 번째로 STCH
MTM의 지표 수치를 확인하면 과매수 구간에 진입함을 확인할 수 있다. 세
번째로 스토캐스틱이 리테스팅을 보여준다. 따라서 상승 여지가 좀 더 남아
있다고 판단할 수 있다.

해설

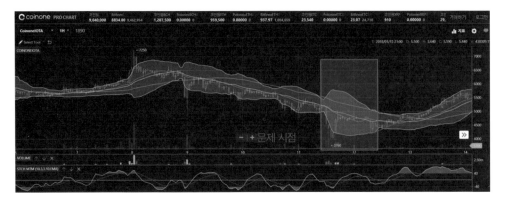

　　결과를 확인하자. 스토캐스틱이 과매수 구간에 돌입하였고 하락 시작 전
가격을 넘어 반등하였다.

말로만 듣던 크맨타이밍!
다이버전스를 이용한 매매

가장 강력한 매수시그널
- 전저점에서 가격과 지표의 반등을 확인한다
- 두 번째 바닥을 그리며 오르는 순간이 매수타이밍
- 추세선, 지지선, 저항선과 함께 활용한다
- STCH MTM, CCI, MFI 중 두 개 이상 다이버전스 시 매수
- 초단타는 1분봉 다이버전스로도 진입하지만, 확실한 진입을 위해 1분봉~ 1시간봉의 흐름을 확인 후 매수하는 것이 안전

상승전환 다이버전스

다이버전스(divergence)는 주식과 가상화폐 차트에서 가격과 지표가 반대로

움직이는 것을 말한다. 아래 그림은 가격 상승이 예상되는 다이버전스의 예시들이다. 일반강세 다이버전스(regular bullish divergence)는 추세전환을 나타낸다. 히든강세 다이버전스(hidden bullish divergence)는 추가상승을 나타내는데 일반강세 다이버전스보다 더 강한 추세다.

내가 매수할 때 주로 확인하는 과장강세 다이버전스(exaggerated bullish divergence)는 가격이 떨어지는 하락장에서 저점을 높인다. 이때 지표의 저점도 높아지면서, 가파른 상승전환이 나타나게 된다. CCI, STCH MTM, MFI 중 두 지표 이상 과장강세 다이버전스가 나타날 경우 매수를 고려한다. 차트상에서 1분봉, 15분봉, 1시간봉이 모두 과장강세 다이버전스를 보이면 강한 추세전환을 기대할 수 있다. 1분봉에서만 다이버전스가 나타날 경우 일시 반등만 기대하고 낮은 목표가로 매도한다.

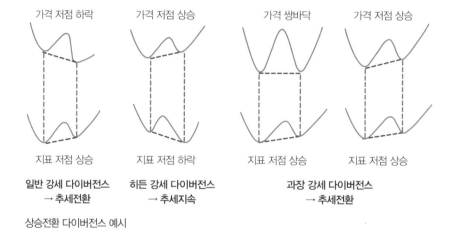

상승전환 다이버전스 예시

타이밍 잡기

① 매수타이밍(현금 포지션에서 매수 시 고려)

가장 가까운 전저점을 지키면서 다이버전스 시 두 번째 바닥을 터치하는 순간이 매수타이밍이다. 전저점을 지지하는 순간, 즉 다이버전스를 확인하며 매수하는 순간 높은 승률을 가져갈 수 있다. 나의 수강생들과 블로그 이웃들은 이것을 '크맨타이밍'이라 부른다.

두 번째 바닥 찍을 때 매수

크맨타이밍

크맨타이밍을 다시 정리해보자. 매수시그널을 확인할 때 가장 중요한 것은 지지선 확인이다. 이후 추세선 이탈, 다이버전스 확인, 골든크로스가 순서대로 확인되면 가장 좋은 매수시그널이 된다. 하지만 단기거래를 할 경우는 추세선 이탈, 다이버전스 확인, 골든크로스 중 한두 가지만 확인해도 좋은 매수타이밍이 될 수 있다.

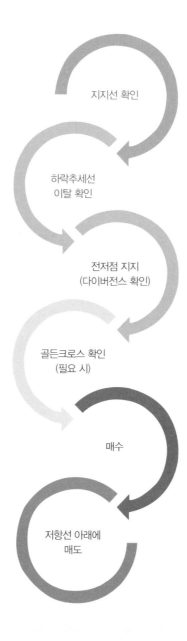

지지선 확인

하락추세선
이탈 확인

전저점 지지
(다이버전스 확인)

골든크로스 확인
(필요 시)

매수

저항선 아래에
매도

크맨타이밍

② 손절타이밍

매수 이후 전저점 이탈 시 손절한다. 전저점이 다시 뚫리는 경우는 ① 계단식 하락장 ② 과도한 프리미엄으로 가격이 하락할 때가 있다. 가상화폐 시장이 과열됐던 2017년 6월, 2017년 12월에 가격 조정이 오면서 한국 차트만 전저점을 지지하지 못하며 떨어졌다. 따라서 전저점을 지지하는지를 확인하는 것이 수익률을 올리는 지름길이다.

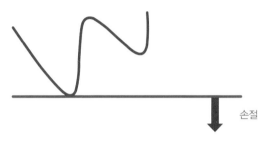

지지선 이탈 시 손절

크맨 타이밍

하락전환 다이버전스(코인홀딩 포지션에서 매도 시 고려)

하락전환 다이버전스란 앞서 말했던 매수시그널의 다이버전스와 같은 개념이다. 일반 약세 다이버전스와 과장약세 다이버전스는 상승에서 하락추세 전환을 암시하고, 히든약세 다이버전스는 하락추세가 지속됨을 알려준다. 자주 사용하는, 매도 시 주로 확인하는 약세 다이버전스(bearish divergence)는 가격의 고점은 상승하는데 지표의 고점은 낮아지는 특징을 보인다.

하지만 코인판에서는 매수시그널보다 확률이 떨어진다. 전고점에 다가갈 경우 투자자들의 '기대심리'가 붙기 때문이다. 그래서 안정적인 투자를 하려 한다면 전고점을 넘는지 확인하는 것이 더 중요하다.

앞서 설명한 차트 패턴 중 하나인 머리어깨형과 M형은 좋은 매도시그널이 된다. 상승추세선 이탈 시 매도는 주식에서 정석과 같은데 코인판에서도 역시 적용된다. 다만 단순 추세선 이탈만으로 거래할 경우 수익률이 적다.

지표의 꺾임은 좋은 매도시그널이 된다. 보조지표 중 두 개 이상 지표가 고점을 찍고, 아래로 꺾이는 경우 매도를 고려하자.

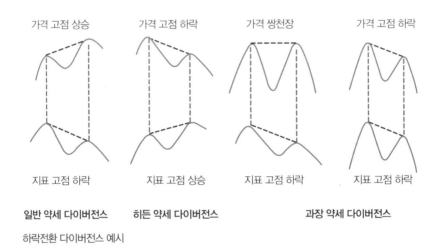

하락전환 다이버전스 예시

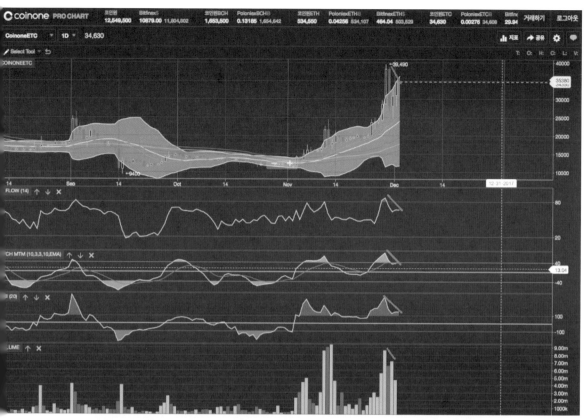

차트에서 가격은 천장이 낮아지고 있고, STCH MTM, CCI, MFLOW(MFI) 그리고 거래량이 하락하는 과장
약세 다이버전스를 보이고 있다.

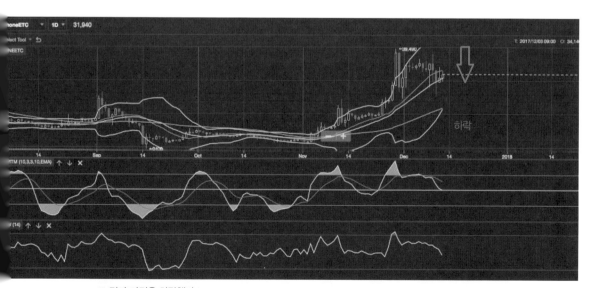

그 결과 가격은 하락했다.

Q. 이더리움 30분봉의 차트가 다음과 같다. 현재 시점에서 이더리움 홀더는
추가 매수를 준비해야 할까, 손절해야 할까?

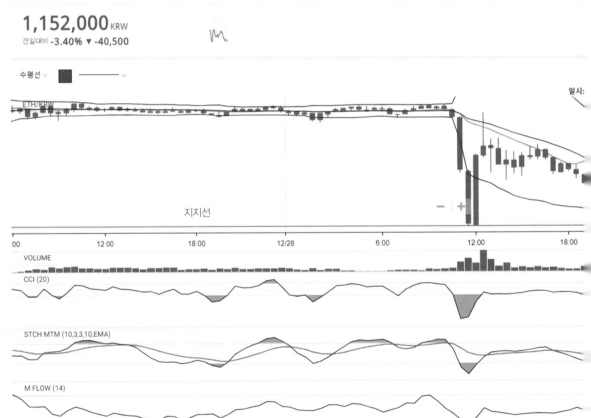

이더리움 ETH/KRW ▼

1,152,000 KRW
전일대비 **-3.40% ▼ -40,500**

수평선 ∨

ETH/KRW

지지선

00   12:00   18:00   12/28   6:00   12:00   18:00

VOLUME

CCI (20)

STCH MTM (10,3,3,10,EMA)

M FLOW (14)

업비트 이더리움 30분봉 차트(2017.12)

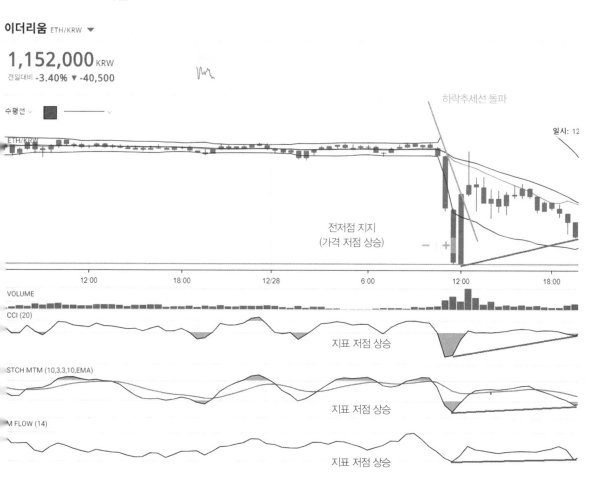

이더리움 ETH/KRW ▼

1,152,000 KRW
전일대비 **-3.40%** ▼ **-40,500**

수평선 ∨

ETH/KRW

하락추세선 돌파

일시: 12

전저점 지지
(가격 저점 상승)

12:00   18:00   12/28   6:00   12:00   18:00

VOLUME

CCI (20)

지표 저점 상승

STCH MTM (10,3,3,10,EMA)

지표 저점 상승

M FLOW (14)

지표 저점 상승

하락추세선 돌파 이후 전저점을 지지하려 하며, 모든 지표들의 저점이 상
승한다. 특히 문제에서 MFLOW 지표의 두 번째 바닥이 그려지고 오르고 있

다. 따라서 다이버전스를 확인할 수 있고, 손절보다는 추가 매수를 고려하는
것이 좋다. 결과를 확인해보자.

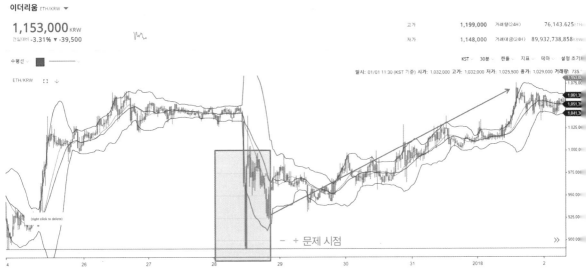

결과. 가격이 상승한 것을 확인할 수 있다.

Q. 현금 포지션인 상태에서 거래소에 접속하니 차트가 다음과 같았다. 매수

해야 할까, 지켜봐야 할까?(지지선은 아래와 같이 형성되어 있다.)

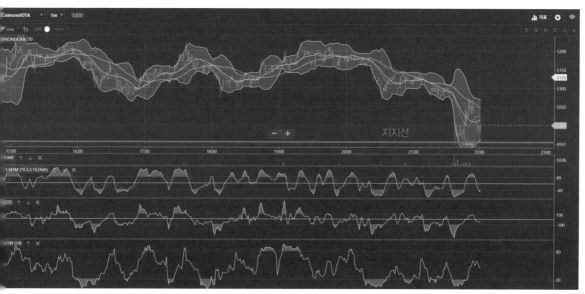

코인원 아이오타 1분봉 차트(2018.01)

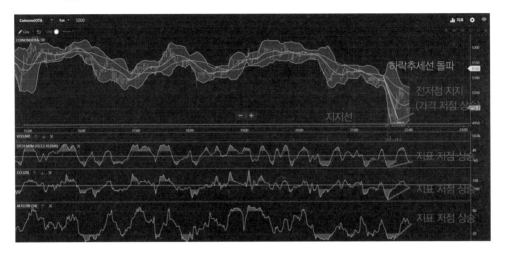

크맨타이밍을 확인해보자. ① 지지선을 확인한다. 지지선에서 튀어오르는 것을 확인할 수 있다. ② 하락추세선이 돌파되었다. ③ 두 번째 바닥을 형성하는지 확인한다.

그렇다면 지금 상황에서는 매수를 택하는 것이 맞을 것이다. 결과를 확인해보자.

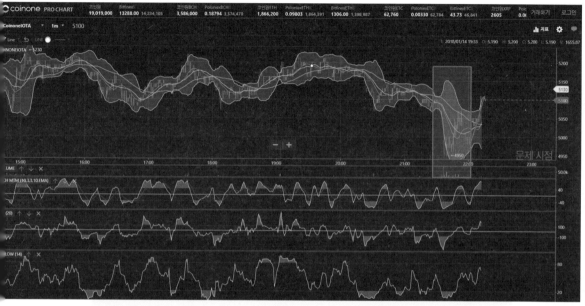

결과. 10분 만에 2% 이상의 수익을 낼 수 있었다.

실전예제 ❸

Q. 비트코인의 주봉 차트는 다음과 같다. 비트코인의 이후 가격흐름을 차트
에 근거해 예측해보자.

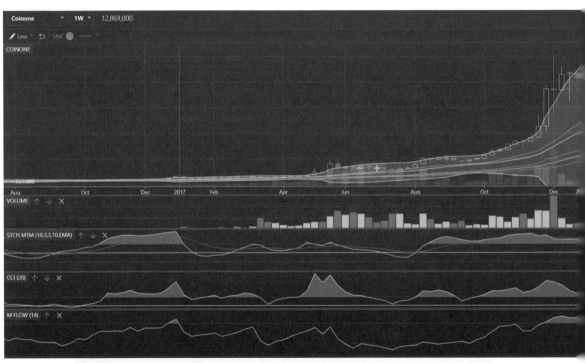

코인원 비트코인 주봉 차트(2018.01)

해설

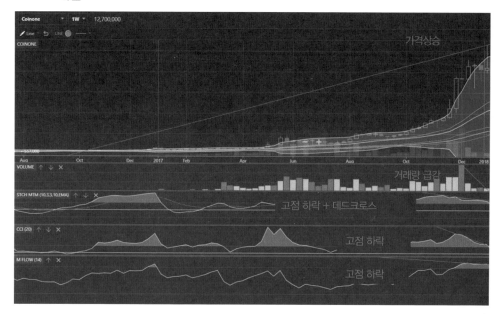

가격은 신고점을 형성하였으나, 거래량과 3지표 모두 고점이 하락하는 모양이다. 이러한 경우 바로 가격이 더 오를 여지는 적고 최소한 조정 내지 횡보를 예상할 수 있다.

결과를 알아보자.

물론 비트코인이 하락한 이유로 차트와 지표의 역배열도 있었지만 정부의
규제 관련 이슈와 2017년 11월부터 시작된 과열양상에 대한 조정도 있었다.

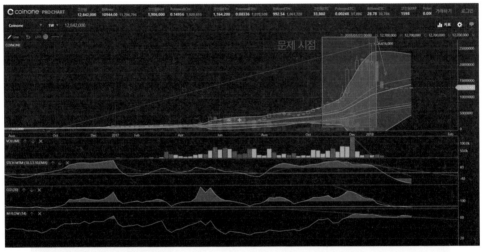

결과. 가격이 50% 이상 하락하였다

※주의사항

계속 강조하지만, 시장상황과 코인 관련 뉴스를 같이 주시해야 한다. 차트
공부가 잘되었다면 승률이 많이 오를 것이다. 하지만 시장상황을 간과한 채
거래하는 것은 눈 감고 운전하는 것과 같다. 항상 호재·악재와 시장상황도
함께 고려하자.

Q. 퀀텀코인의 1시간봉 차트가 다음과 같다. 현재 상황에서 퀀텀 일부와 현
금 일부를 보유 중이라면 퀀텀을 추가 매수할지 혹은 분할 매도를 고려할
지 판단해보자.(퀀텀은 약 한 시간 뒤에 호재 발표를 앞두고 있었다.)

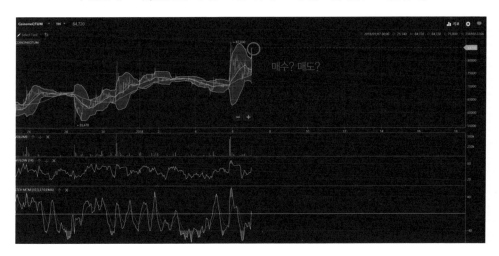

해설

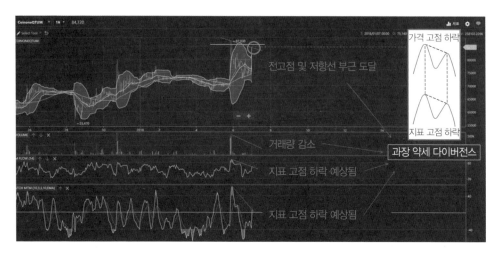

가격이 전고점에 다가가며 저항선 부근에 도달하고 있다. 저항선 부근에서 꺾일 경우 매도를 고려해야 한다. 추가적으로 거래량 및 STCH MTM 지표와 MFLOW 모두 고점의 하락이 예상되므로 하락추세로의 전환인 과장약세 다이버전스라는 것을 알 수 있다. 이후 가격 변화를 확인해보자.

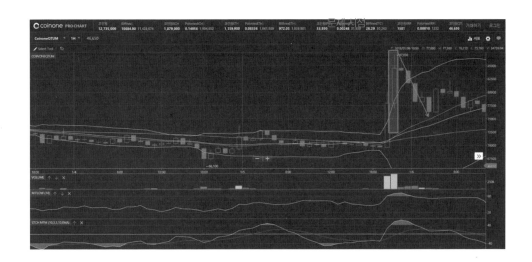

　　하락을 확인할 수 있다. 호재에 대한 기대감이 증폭될 경우 대부분 호재 발
표 이후 하락한다는 점을 염두에 두고 차트와 관계없이 분할 매도를 고려할
수도 있음을 기억하자.

Q. 아이오타의 차트가 아래와 같다. 현재 시점에서 현금포지션일 경우 매수를 하는 것이 좋을까? 매수를 한다면 어디서 손절하는 것이 좋을까?

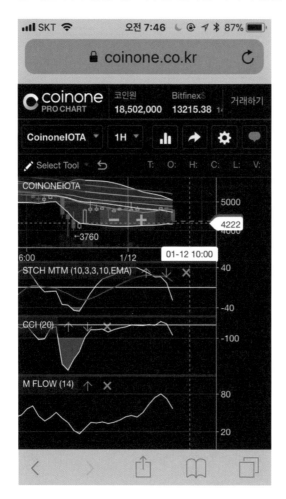

해설

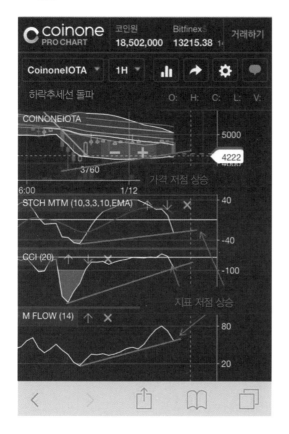

지지선이자 전저점이 3,760원임을 확인 가능하다. 가격은 저점이 상승하려하고 있고, 세 개의 보조지표 역시 저점이 상승할 가능성이 높아지고 있다. 분할로 매수를 해볼 만한 타이밍이고, 손절은 진저점이자 지지선인 3,760원 아래로 돌파할 경우 타이밍이 된다. 결과를 확인하자.

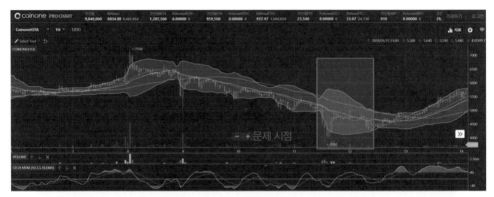

두 번 바닥을 터치한 후 반등을 보여줬다.

04

중급자부터 활용해볼 만한
보조지표 수치를 이용한 매매

횡보 또는 과열 시 적합

- 횡보장에서 보조지표의 과매도 값이 앞의 과매도 값만큼 내려갈 경우
  매수→이보다 더 내려갈(더 과매도가 될) 가능성이 적음을 의미
- 1시간봉 기준 과매도 상태에서 분할 매수
- 1시간봉 과매수 값이 전고점에 도달 시 분할 매도

과매도 상태에서는 가격이 더 내릴까 봐 매수를 망설이는 경우가 많다. 이 때 보조지표들과 몇 가지 시그널이 좋은 매수 기회를 포착하게 해준다.

횡보장에서 먼저 보조지표들의 값은 가격과 별개로 특정 구간에서 과매수

와 과매도를 반복한다. 이때는 매수하려는 시점 직전 과매도 수치를 본다. 직전 최대 과매도 값만큼 보조지표의 과매도 값이 내려와 있다면 매수를 고려한다. 과매도 값이 직전 최대치에 근접했다는 것은 더 과매도 되기 힘들다는 것을 의미한다. 따라서 지지선을 체크하며 분할 매수를 고려한다.

특히 1시간봉 이상의 긴 차트 범위에서의 볼린저밴드를 뚫고 내려오는 강한 과매도는 좋은 매수타이밍이 된다. 이때는 지지선을 체크하고 분할 매수를 하여 반등할 때 매도한다.

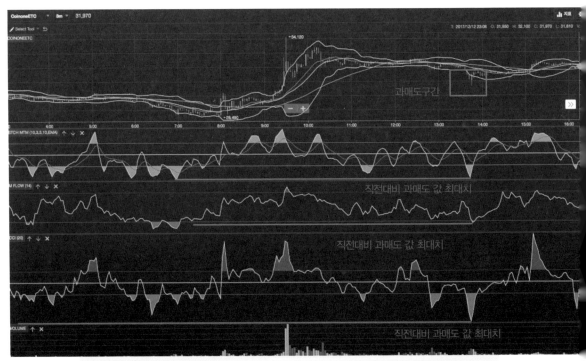

1시간봉에서 볼린저밴드 하단을 뚫고 나오는 강한 과매도상태의 가격은 직전 지지선을 고려해 분할매수하면 반등 시 수익실현이 가능하다.

저점 매수도 중요하지만 더 중요한 것은 매도 시기다. 매도는 바로 수익률과 직결되기 때문이다. 차트로 접근하면 과매수 상태일 때 매도하는 것은 누구나 알 것이다. 나는 과매수 직전 값을 보고 매도 시점을 판단한다. 특히 과열 양상 시 1시간봉상의 과매수 값은 좋은 매도시그널이 된다.

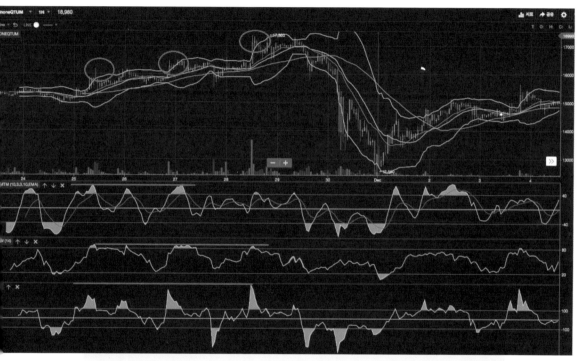

1시간봉 볼린저밴드를 뚫고 오르는 과매수 상태와 지표. 과매수 수치가 기존 대비 전고점에 접근하면 좋은 매도시그널이 된다.

Q. 현재 비트코인의 차트가 아래와 같다. 현재 상황에서 단기 가격흐름을 예

상해보자.

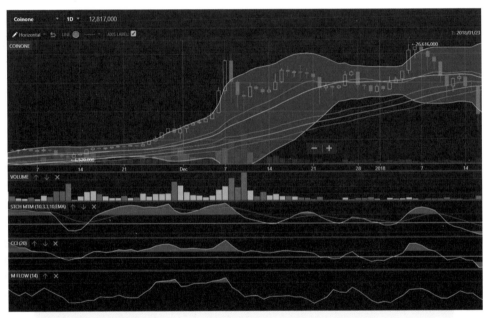

코인원 비트코인 일봉(2018.01)

해설

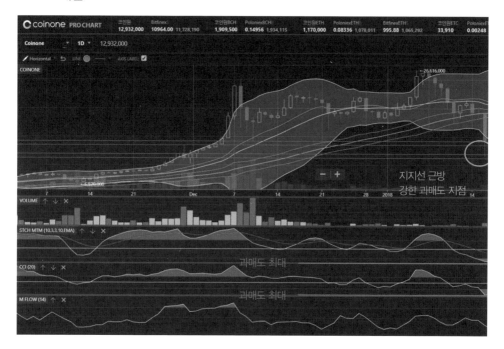

먼저 가격이 하락하고 있기에 어디까지 내릴지 지지선을 그려보자. 지지선
부근에 도달하고 있음을 확인할 수 있다. 또한 STCH MTM과 CCI 과매도 값
이 직전 대비 최대치임을 알 수 있다. 따라서 단기 반등을 예상할 수 있었다.

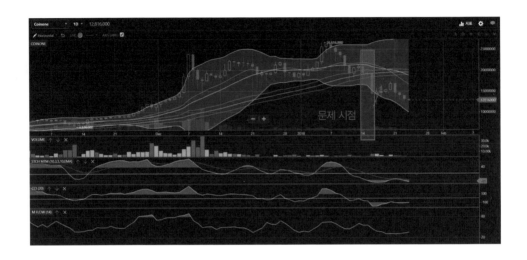

과연 이후 상황은 어떻게 변했을까? 결과를 알아보자. 가격이 잠시 볼린저
밴드 안으로 돌아오며 반등했다.

Q. 다음은 비트코인 차트다. 지표의 수치를 이용하여 박스권에서 매수타이밍과 매도타이밍을 확인해보자. 지표는 위에서부터, 바차트, 거래량, STCH MTM, CCI, MFLOW 순으로 나타난다.

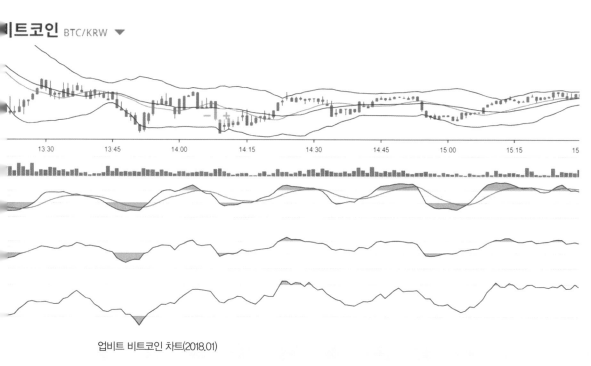

업비트 비트코인 차트(2018.01)

해설

첫 번째 매수 구간은 13:50에 나타난다. 과매도 수치가 직전과 비교하여 최대치로 나타나고 있다. 지지선을 고려하여 분할로 매수한다. 매수를 못하였는데 가격이 올랐다면 욕심내지 말고 떠나보내자. 기회는 또 온다.

그다음 매수 구간은 14:10이다. 직전 전저점을 W형태로 지지하며 다이버전스를 그리고 있다.

마지막은 15:00 부근이다. 3지표 모두 직전 대비 과매도 수치가 최대에 가깝다. 추가적으로 볼린저밴드 하단이면서, 박스권 가격대에서 하단부이므로 매수한다.

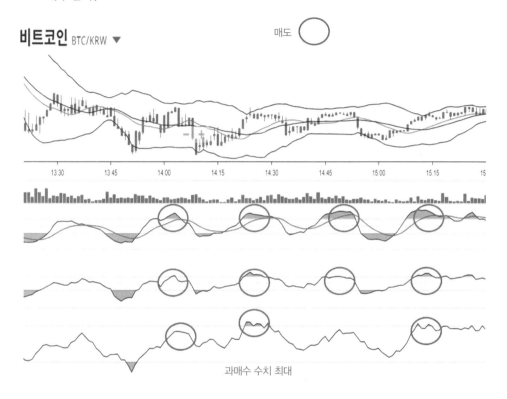

과매수 수치 최대

첫 번째 매도 구간은 14:00분에 나타난다. 과매수 수치가 직전 대비 최대치를 나타낸다.

그 이후 14:20, 14:50, 15:15에서 과매수 수치가 최대치이므로 박스권에서 매도하기 좋은 타이밍이다.

Q. bitfinex의 비트코인 차트가 아래와 같다. 현재 상황에서 가격흐름을 예상

해보자.

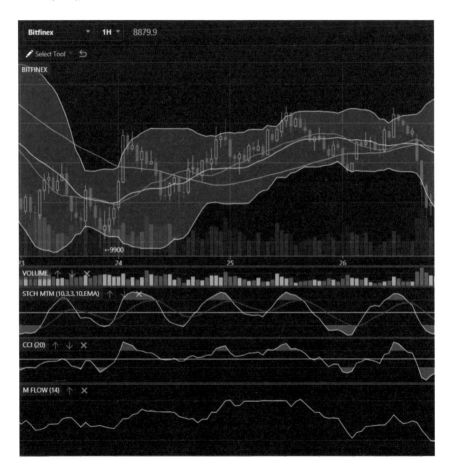

해설

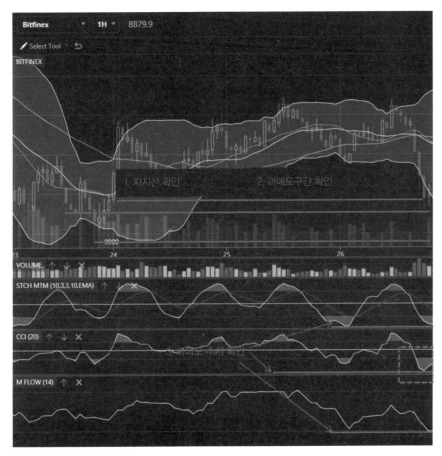

　먼저 가격이 내리는 추세이므로 더 내릴 경우를 대비해 지지선을 확인한다. 볼린저밴드 하단을 강하게 돌파한 과매도 구간임을 확인할 수 있다. 그다음 과매도 수치들을 확인해보자. 직전 대비 최대치를 보여주고 있다. 추가적으로 CCI지표는(빨간점선 네모구간) 가격과 다이버전스를 보여준다.

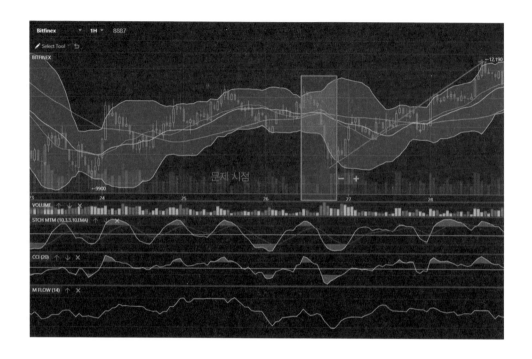

    결과를 확인해 보자. 반등을 예상할 수 있었고, 현금포지션이라면 매수할
만한 타이밍에, 코인홀더는 손절보다는 홀딩해야 하는 시점이었다. 가격이
반등함을 확인할 수 있다.

알아두면 쉽게 수익 내는
차트 추종을 이용한 매매

특정 거래소 주도를 확인할 때

• 스캘퍼, 데이트레이더 또는 매매하고 있는 순간에 활용 가능

• 직접적인 매매 방법으로 쓰기보다 보조적인 매매법으로 활용

• 어느 거래소가 주도하는지 확인한다

• 주도하는 거래소의 흐름을 보며 매매한다

• 추종만으로 매매하지 않는다. 전고점, 전저점 갱신 또는 가격의 흐름을 참
  고하는 방법으로서 활용한다

• 뒤늦은 추격 매수는 손해를 유발할 수 있다

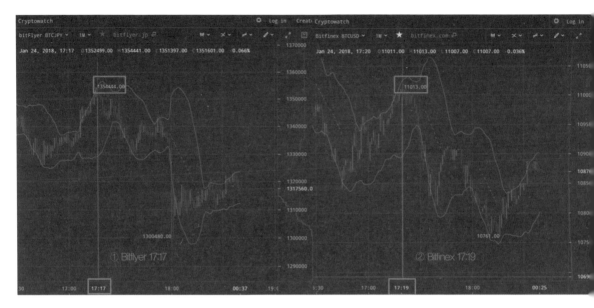

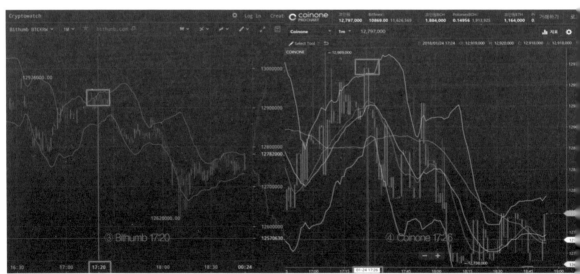

160

추종을 통한 매매 방법은 쉬운 방법일 수도 있지만, 손해를 유발하기도 쉽다. 또한 스윙투자자, 장기투자자보다 스캘퍼, 데이트레이더에게는 적합하다. 중장기 투자자라도 매매타이밍을 잡기 위하여 차트를 보고 있을 때는 참고할 수 있다.

왼쪽 그림에서 예시한 Bitflyer, Bitfinex, Bitthumb, Coinone 네 개 거래소의 비트코인 차트를 보면 가격흐름은 동일한데, 고점을 찍고 내리는 시간에 차이가 있음을 확인할 수 있다. 가장 먼저 일본 Bitflyer 거래소에서 17분에 고점을 찍고 가격이 내려왔다. 이후 홍콩의 Bitfinex, 한국의 빗썸, 코인원 순으로 가격 반응이 왔다. 만약 코인원 거래소를 이용한다면 비트코인 차트와 같은 비슷한 코인을 찾아서 다른 거래소에서 상승전환 흐름이 보일 때 매수하고, 고점을 찍고 내릴 때 매도하는 방식으로 추종거래를 할 수 있다.

해외에서 가격이 올라 전고점을 뚫는다 해서 뒤늦게 추격 매수하거나 추가 매수를 하는 것은 위험하다. 위의 네 거래소의 차트 흐름은 비슷해도 고점과 저점을 형성하는 구간이 약간씩 다른 것을 보면 알 수 있다. 이러한 추종매매는 매수·매도타이밍에 확신을 가진 상태에서 추가적인 확증을 하는 도구로 사용하는 것이 좋다.

무작정 '해외에서 전고점 뚫었으니 올라간다'가 아니라 '해외에서 전고점을 뚫었는데 한국은 어떨까?'라고 생각하고 거래하는 것이다.

내가 처음 가상화폐를 시작한 2017년 5월까지만 하더라도 이러한 추종매매를 굉장히 쉽게 할 수 있었다. 당시 전 세계 거래량 1등이있던 폴로닉스(Poloniex)거래소에서 가격이 오르며 양봉이 나오면 뒤이어 한국 거래소에서도 정직하게 올랐고, 폴로닉스의 가격이 고점을 찍고 내리면 1~5초 뒤에 한

국 거래소들도 가격이 떨어졌다. 이후 장이 과열되며 이러한 추종매매에도
변화가 생겼다. 한국 코인 가격에 프리미엄이 붙거나 역프리미엄이 붙으면서

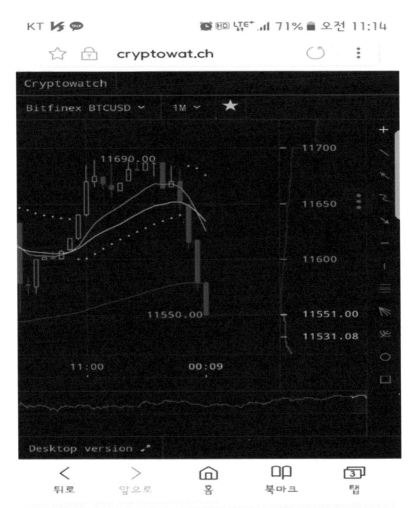

2018년 1월 20일 bitfinex 비트코인 차트. 나는 종종 야외에서도 가격을 주도하는 거래소를 확인
한 후 매매에 활용한다.

차트의 등락이 강해지기도 했다.

따라서 해외 거래소의 시세와 함께 프리미엄을 확인하는 것도 중요하다. 프리미엄이 과도하게 형성된 경우, 하락 시 해외 차트는 전저점을 유지하는데 한국 차트는 저점을 지키지 못하고 하락할 수 있기 때문이다. 흐름을 따라가기 힘든 경우에는 전고점, 전저점을 갱신하는지 여부를 확인한다.

다시 한번 강조한다. 이 방법으로만 거래하면 나를 원망할 일이 생길 테지만 2장의 다른 방법들을 추가적으로 활용한다면 좋은 참고사항이 될 것이다.

06

뒤늦게 포착해도 돈 버는
커플링, 디커플링 차트를 활용한 매매

신에게도 아직 기회가 있습니까?
- 대세 상승장과 대세 하락장(커플링)
- 호재 코인과 아닌 코인(디커플링)
- 진입시기 확인 또는 매수·매도타이밍 참고용
- 디커플링 시 타이밍을 놓칠 경우 내리는 코인의 저점을 잡자

코인의 가격이 전반적으로 같은 움직임으로 오르고 내리는 것을 커플링이라 하고, 오를 때 다른 코인은 내리고 내릴 때 다른 코인은 오르는 반대의 움직임을 디커플링이라고 한다. 커플링·디커플링은 단순히 차트의 형상만으로

매매타이밍을 확인하기 쉬운 장점이 있고, 진입 시기를 참고하거나 매매타이밍을 참고하기 좋다. 이러한 흐름을 확인하는 방법으로 차트사이트에서 확인하는 방법과, Sifrdata.com에서 확인하는 방법이 있다.

커플링 디커플링 확인 방법

① 코인원 프로차트 Apps Grid

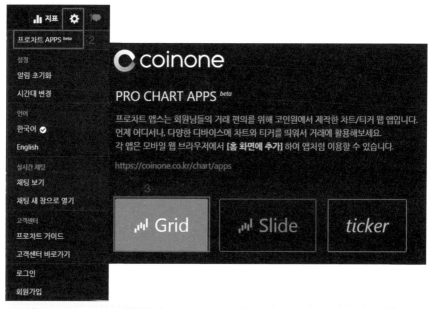

코인원 프로차트 Apps grid 확인 방법

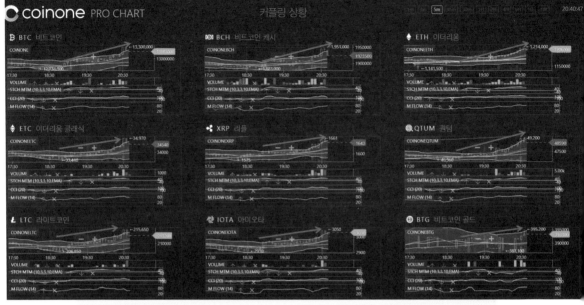

코인원 프로차트 Apps Grid 화면. 모든 코인이 상승을 같이하며 커플링되고 있다.

② Cryptowat.ch

Cryptowat.ch 첫 화면. 대부분 상승 흐름이나, Doge 코인은 반대로 하락하고 있다. 즉 디커플링되고 있다.

https://www.sifrdata.com/cryptocurrency-rolling-correlations/

위의 주소 화면에서는 차트를 통해 코인들의 상관관계를 보여준다.

코인원의 프로차트 Apps Grid를 사용하면 코인원 사이트에서 취급하는 코인들의 움직임을 동시에 확인 가능하지만, 타 사이트와 타 코인의 커플링 여부를 확인할 수 없다. Cryptowat.ch의 랜딩페이지는 대표 거래소의 가격흐름만 개괄적으로 확인할 수 있다. 따라서 거래하려는 코인의 흐름을 타 코인의 차트와 개별적으로 확인하는 것이 단기거래자에게는 번거롭지만 제일 적합한 방법이다.

상승폭이 가장 좋은 코인의 매수타이밍을 놓친 경우 차트가 디커플링된 코인을 찾아보자. 상승폭이 좋은 코인이 조정이 올 때 반등이 올 것이고, 이는 좋은 매매타이밍이 될 것이다.

추가적으로 바로 앞 절에서 설명한 추종매매 방법과 결합해 매매타이밍을 잡는 데 활용할 수 있다. 잠시 160쪽 그림으로 돌아가보자. 비트코인이 특정 거래소의 순서대로 가격 반영이 일어나고 있다. 추종매매 방법과 차트가 커플링되는 특성을 이더리움 클래식을 매매하는 데 활용할 수 있다.

매매를 하기 전에, 우선 거래하려는 코인의 가격이 다른 거래소에 대해 후행하는지 확인한다. 이후 방법은 간단하다. 먼저 선행하는 Bitflyer의 차트 흐름을 확인한다. 18:00에 저점을 찍고 반등하는 흐름을 확인할 수 있다. 이후

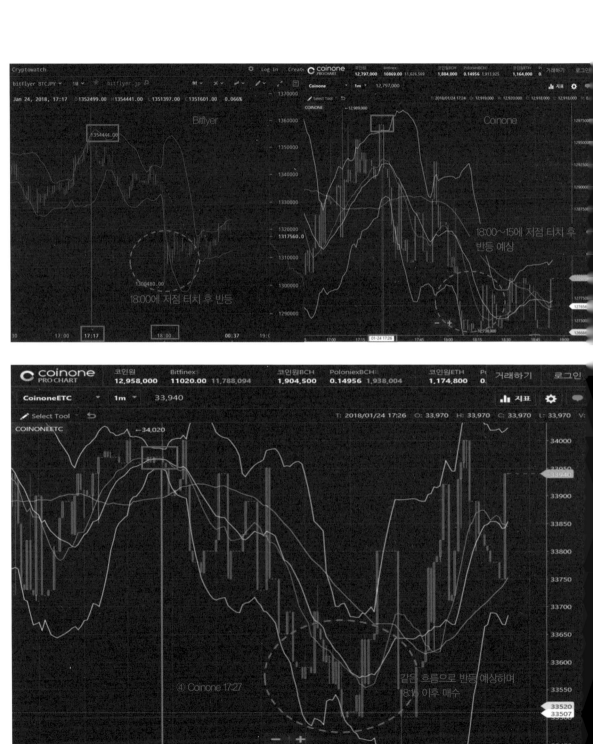

코인원 비트코인의 흐름을 확인한다. 18:10에 저점을 터치하였는데, 같은 흐름이라면 반등을 예상할 수 있다.

다음, 매수하려는 코인원의 이더리움 클래식 차트를 확인한다. 18:10 이후 저점을 터치하며 후행함을 확인할 수 있고, Bitflyer의 반등 흐름과 비교하면 머지않아 반등 흐름이 나타날 것임을 예상할 수 있다. 이더리움 클래식을 매수 거래한다.

이 방법은 가격의 커플링이 확실히 될 때와, 초 단위가 아닌 분 단위 선행을 하는 거래소가 있을 때 참고할 만하다. 커플링/디커플링 특성을 활용한 추종매매지만 나는 단순히 이러한 추종매매만으로 거래하는 것을 권하지 않는다. 보조지표와 지지선, 저항선, 추세선을 충분히 활용하며 거래해야 높은 승률로 매매할 수 있음을 다시 한번 강조한다.

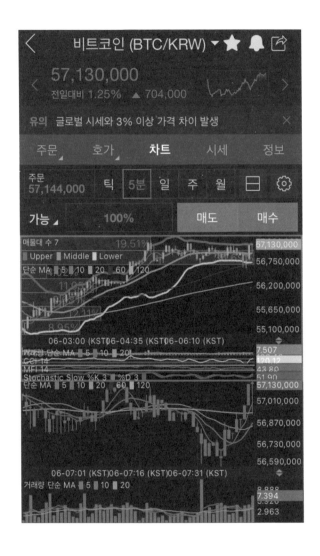

업비트 모바일에서 화면을 분할해 동시에 가격흐름을 확인 가능하다.

07

어떤 종목이 오를지 보이는
시가총액차트를 활용한 매매

> **이 돈이 어디로 갈까?**
> • 시가총액의 전고점, 전저점 돌파에 주목하자
> • 지지선, 저항선, 추세선을 시가총액 차트에 입히자
> • 보조지표와 함께 매매 시 참고용으로 활용

　시가총액이란 주식시장이 어느 정도의 규모를 가지고 있는가를 나타내는 지표이다. 코인판에서는 코인시장의 규모를 '가상화폐 발행량×가상화폐 가치'를 합하여 나타낸다.

　시가총액차트에서 의외로 얻을 정보들이 많다. 먼저 시가총액이 신고점을

넘어 상승하는 경우 대세상승장을 기대할 수 있다. 이때 오르지 않은 코인들을 주목하면 상승 차례가 올 수 있다.

반대로 시가총액이 전저점을 지지하지 못하고 내리는 경우 대세하락장 또는 조정장을 염두에 두어야 한다. 시가총액이 전저점을 뚫고 내리는 경우는 대부분 국가적인 규제가 벌어지거나 비트코인이 큰 악재를 만났을 때다.

시가총액의 추세를 확인할 때 앞에서 배운 지지선, 저항선 및 추세선을 활용한다. 시가총액차트는 1d, 7d를 주로 확인하며 중장기적인 추세를 볼 때에는 로그스케일(등비율) 차트도 함께 확인하자.

https://coinmarketcap.com에서 시가총액에 관한 내용을 확인할 수 있다.

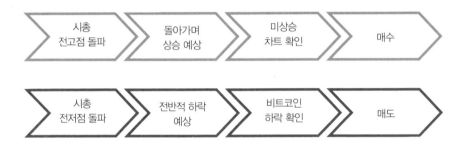

실전예제 ❶

Q. 아래는 같은 시점의 시가총액을 1d, 7d로 나타낸 차트다. 시가총액의 흐
름을 읽어보자.

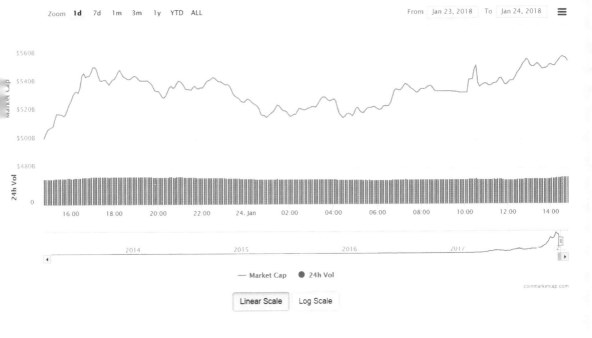

Global Charts

Total Market Capitalization

Zoom **1d** 7d 1m 3m 1y YTD ALL

From Jan 23, 2018 To Jan 24, 2018

— Market Cap ● 24h Vol

Linear Scale   Log Scale

Global Charts

Total Market Capitalization

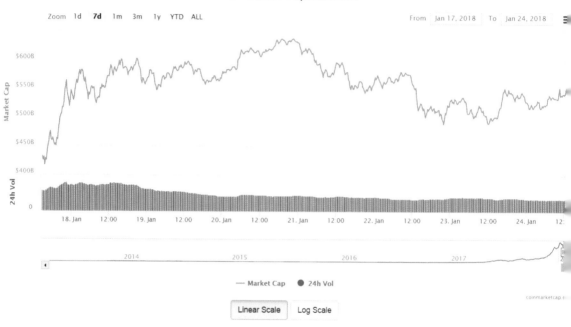

해설

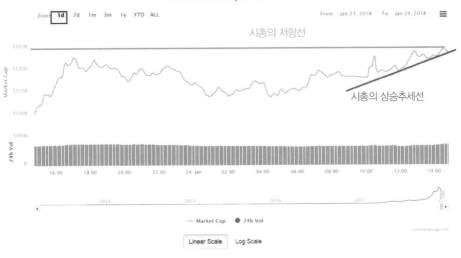

가격의 상승 흐름이 유사하지만, 1d의 차트에서는 시가총액의 상승추세가 유지되고 있는 반면 7d의 차트를 보면 시가총액이 하락추세였음을 확인할 수 있다. 7d 차트에서 $570B 이상으로 회복되어야 전반적인 회복을 예상할 수 있다.

Traidingview에서 시총 확인

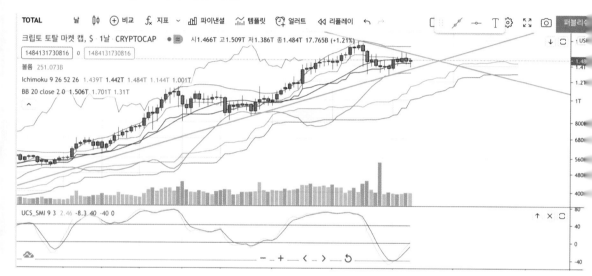

Tradingview에서 TOTAL로 검색 후 CRYPTO TOTAL MARKET CAP(인덱스 CRYPTOCAP)을 선택하면 보조지표와 함께 확인 가능하다.

Q. 아래는 같은 시점의 시가총액을 1d, 3m로 나타낸 차트다. 시가총액의 흐름을 읽어보자.

Global Charts

Total Market Capitalization

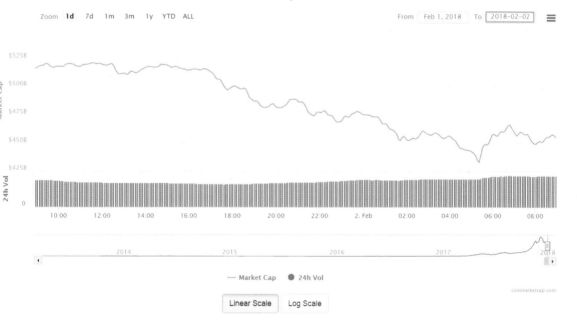

Global Charts

Total Market Capitalization

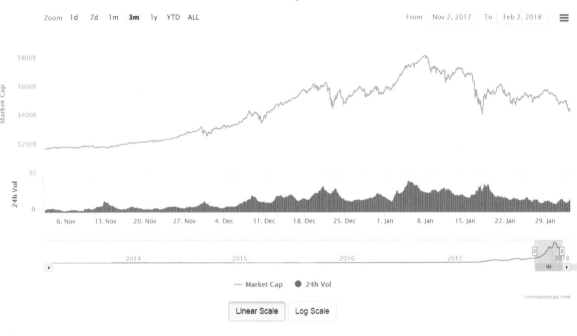

해설

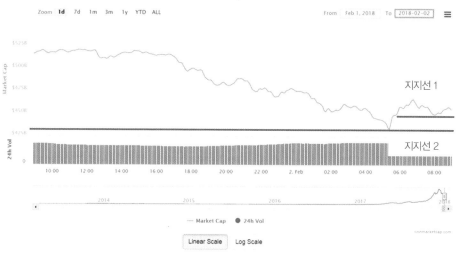

시총이 하향추세를 나타내고 있다. 하향추세를 나타내고 있으므로 지금 시
점에서 가장 가까운 지지선은 순서대로 지지선 1, 2다. 하지만 그 이하로 시총
이 내릴 경우 확인이 힘들다. 따라서 범위를 넓힌 3m 시총으로 확인해보자.

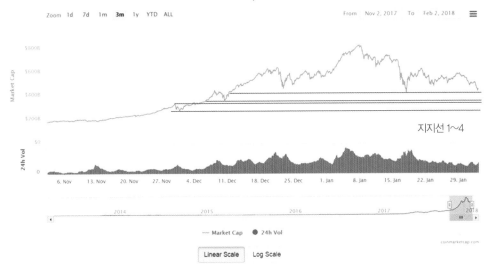

Global Charts

Total Market Capitalization

Zoom 1d 7d 1m **3m** 1y YTD ALL   From Nov 2, 2017 To Feb 2, 2018 ≡

지지선 1~4

Market Cap

24h Vol

6. Nov   13. Nov   20. Nov   27. Nov   4. Dec   11. Dec   18. Dec   25. Dec   1. Jan   8. Jan   15. Jan   22. Jan   29. Jan

2014   2015   2016   2017   2018

— Market Cap   ● 24h Vol

coinmarketcap.com

Linear Scale   Log Scale

3m 시총차트로는 $420B 구간부터 약 $300B 구간까지 지지선을 확인할 수
있다. 가격대의 확인이 힘들 때는 바차트와 마찬가지로 범위를 넓혀서 지지
선, 저항선을 본다.

08

손은 눈보다 빠르다

호가창을 활용한 매매

> ### 근두운에 올라타는 손오공처럼
> • 매수벽, 매도벽의 심리를 활용하자
> • 손이 빨라야 가능하다
> • 추종, 커플링 특징을 같이 활용한다
> • 보조지표와 함께 매매 시 참고용으로 활용한다
> • 수렴 후 가격변동 시 매매하는 데 활용

　호가창은 차트라고 볼 수는 없지만, 이 상에서는 실전에서 사용 가능한 매매 보조 팁으로 소개한다. 스캘핑 투자자 또는 데이트레이딩 투자자에게 유효한 방법이다.

매수벽·매도벽을 활용한 매매 방법인데, 호가창에서 지정가로 걸어둔 매수량이 매수벽, 반대가 매도벽이다. 이것이 의미하는 바는 두 가지다. 매수벽이 받쳐준다는 것은 그 가격 이하로는 떨어지지 않는다는 기대심리가 있다는 것이다. 이런 특성 때문에 지지선이라고도 부른다. 하지만 거래량이 많은 투자자가 그 벽에 팔아버리면 가격이 하락할 수 있다.

매도벽은 이와 반대다. 상승세에서 매도벽이 가로막고 있을 때 매도 건 것을 치우거나 거래액이 많은 투자자가 사버리면 위로 치고 올라가게 되는데, 이것을 추세거래법이라고도 한다.

매수벽은 투자할 때 주의해야 한다. 허매수벽을 세워 개미투자자들이 매수하게 유도한 후 본인이 팔아버릴 수도 있기 때문이다. 반대로 매도벽을 통해

매수벽과 매도벽

매집을 하는 경우도 있다.

　대부분의 거래소들은 거래화면에 간단한 바차트를 제공한다. 보조지표를 포함한 차트와 동시에 확인이 힘든 경우, 가격이 수렴된 후 방향성이 정해지는 경우 그리고 명확한 지지선·저항선에서 반등 또는 저항이 예상될 경우 바차트를 활용하며 호가창에 걸려 있는 물량을 매수하거나 매도한다.

　보조지표상 과매수 상태에서 가격이 저항선을 돌파한다면 짧은 목표치로 매도해야 한다는 것을 항상 명심하자. 이 경우 가격 조정 시 매수했던 저항선 구간(저항선이 이때에는 지지선으로 변한다) 아래로 가격이 내려가기도 한다. 따라서 이러한 매도벽·매수벽을 활용한 거래는 수렴 후 저항선을 돌파하며 상승할 때 매수하는 방법으로 활용하거나, 수렴 후 지지선 아래로 돌파하며 하락할 때 매도하는 방법으로 활용하면 유용하다. 위의 경우에서 가격변동은 순간에 일어나므로 매매 속도가 빨라야 유리하다.

호가창을 활용한 매수(업비트 사이트 예시)

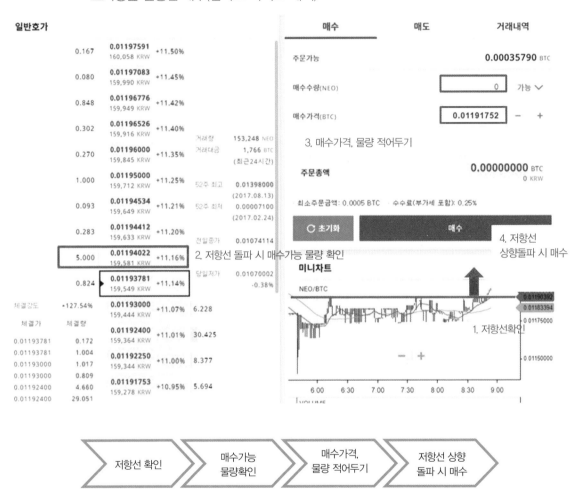

업비트 사이트의 NEO(BTC마켓)코인의 호가창 및 바차트를 활용한 매수
방법이다. 자신의 평균 거래량이 거래하려는 코인의 호가창에 걸려 있는 거

래량보다 높으면 분할 매수를 하거나 거래금액을 비슷하게 맞춰서 매수한다. 나는 단독으로 이 방법을 사용해 매수하는 것은 권하지 않는다. 보조지표의 과매도 수치 확인, 다이버전스 확인, 가격 추종 또는 커플링, 일반적인 지지선, 저항선, 추세선을 활용한 매매 방법과 함께 호가창을 응용하여 매매하는 것이 좋다. 수렴 후 호가창의 매수벽에서 매수하려 할 때, 저항선 돌파를 확인하거나 선행 거래소의 상승을 확인할 때 활용한다. 수렴 후 상승 시 강한 매수량과 함께 상승할 수 있으므로 매수 수량을 미리 적어두고 저항선을 돌파하면 매수 버튼을 빠르게 클릭한다.

호가창을 활용한 매도(업비트 사이트 예시)

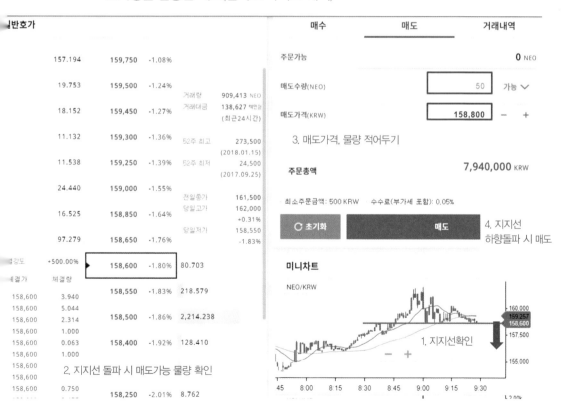

지지선 확인 → 매도가능 물량확인 → 매도가격, 물량 적어두기 → 지지선 하향 돌파 시 매도

　업비트 사이트의 NEO(KRW마켓)코인의 호가창 및 바차트를 활용한 매도 방법이다. 자신의 평균 거래량이 거래하려는 코인의 호가창에 걸려 있는 거래량보다 높으면 분할 매도를 하거나 거래금액을 비슷하게 맞춰서 거래한다. 단독으로 이 방법을 사용하여 매도하는 것은 권하지 않고, 보조지표 과매수 수치, 다이버전스, 전고점돌파 확인, 가격추종 또는 커플링, 일반적인 지지선, 저항선, 추세선을 활용한 매매 방법과 함께 호가창을 응용하여 매도하는 것은 좋다. 수렴 후 호가창의 매도벽에서 매도하려 할 때, 지지선 돌파를 확인하거나 가격 선행 거래소의 하락을 확인할 때 활용한다. 수렴 후 하락 시 강한 매도량과 함께 하락할 수 있으므로 매도 수량을 미리 적어두고 지지선을 돌파하면 매도 버튼을 빠르게 클릭한다.

09

예약매매(Stop-loss)

- 예약매매는 손실을 최소화하고 수익을 보전할 수 있는 효율적인 방법이다.
- 예약매수는 원하는 가격으로 내리고 추가 하락이 없다고 생각될 때나 특정 저항선을 상향 돌파해 크게 오를 것이라 생각될 때 활용한다.
- 예약매도는 원하는 가격에 도달 후 추가 상승 없이 내릴 것이라 생각될 때나 특정 지지선을 하향 돌파해 크게 내릴 것이라 생각될 때 활용한다.

일반적으로 매수나 매도를 할 때는 거래자가 '직접' 매수나 매도 버튼을 눌러야 거래가 성사된다.

스탑로스(Stop-loss, 투자자들은 '스로'라는 줄임말로 쓰기도 한다)는 업비트의 예약매수, 예약매도 기능이다. 특정 가격대에 도달할 경우에만 매수나 매도를 자동으로 시스템이 수행한다. 사용자가 매수매도 버튼을 누르지 않아도 자동으로 실행하기 때문에 24시간 운영되는 가상화폐 시장에서 매우 유용하다. 수수료는 0.139%로 기존 매매 수수료인 0.05%보다 좀 더 크다.

예약매매가 일반매매랑 무슨 차이가 있죠?

일반적인 매매 과정	
현재 가격보다 낮은 가격에 매수주문 대기	지정가 매수
현재 가격보다 높은 가격에 바로 매수	시장가 매수
현재 가격보다 낮은 가격에 바로 매도	시장가 매도
현재 가격보다 높은 가격에 매도주문 대기	지정가 매도
예약매매의 과정	
감시가격에 도달 → 미리 지정해둔 매수가격/매도가격으로 주문 실행	

표처럼 매매 과정에서 차이가 있다.

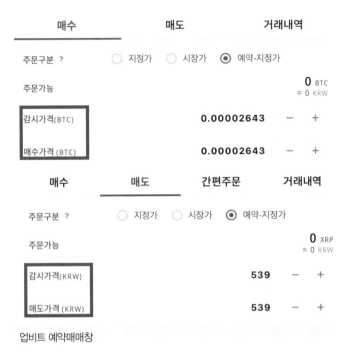

업비트 예약매매창

예약매매에서 중요한 것은 감시가격과 매수가격/매도가격이다.

감시가격	설정해둔 주문을 발동하기 위한 가격
매수가격/매도가격	감시가격에 도달했을 때, 미리 주문해둔 가격(매수가격/매도가격)으로 매매한다.

그동안 예약매매를 하지 않았다면 '내가 하면 되는데, 수수료도 높은 예약매매를 왜 하지?'라고 생각하는 독자들이 많을 것이다.

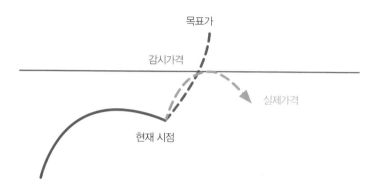

목표가까지 도달하지 못하고 내릴 때 활용가능

가격이 현재보다 더 올랐다 떨어지는 경우, 직접매매 방식으로 미리 지정가 매도를 걸어둘 수 있지만 위의 그림처럼 목표가에 도달하지 못하고 근방에서 내릴 때 차트를 계속 보고 있지 않았다면 제 가격에 팔 수 없게 된다.

이럴 때 예약매매를 활용할 수 있다. 업무, 수면, 운전 등 시장에 대응하지 못하는 상황에서 자동으로 손절 혹은 익절을 해주기도 하고, 폭등/폭락이 예상되지만 그때까지는 아직 시간이 있어서 미리 매수나 매도하기에는 애매한 상황에 유용하다.

또한 손이 느린 분들이 가격이 급등하거나 급락할 때 빠르게 매수/매도를 하려고 사용하는 경우도 있다.

예약매매 활용 예시

예약매매 방법도 익숙해지면 내 상황에 맞게 다시 디테일하게 설정해야 한다.

희망 가격 흐름, 이 흐름대로 가면 손절할 일이 없음

매수가격

감시가격

매도가격 = 손절가격

가격이 내려올 때, 직전 왼쪽 바닥보다 내릴 때 손절

예약매도 예시

1. 바닥에서 매수한 직후(예약매도)

가격이 다시 내려와서 손절 가격이 되면 바로 손절하기보다 내가 매수한 가격보다 약간 아래의 호가에서 예약매도를 통해 손절하도록 한다. 그 이유는 크맨타이밍(과장강세 다이버전스)으로 가격이 오를 수 있기 때문이다. 위의 그림처럼 희망 가격 흐름으로 간다면 왼쪽 바닥에서 매수를 잘해놓고 오른쪽 바닥에서 손절할 수 있다. 그후 가격이 오를 수 있기 때문에 예약매도는 내 희망 흐름이 아닌 가격이 내려올 때 흐름을 생각해 매도가격을 설정하자(초록 점선 흐름).

다시 말하면 쌍바닥으로 반등할 것으로 보이는 상황에서, 쌍바닥에서 바로 매도하지 않도록 주의하자.

2. 애매하게 매수되어 있는 상황(예약매노)

매수할 때는 분명 오를 것이라 생각했는데, 매매창에는 수익과 손해가 계속해서 바뀌는 애매한 상황일 때의 예약매도다. 이러한 애매한 자리에서 매수했다면 잘못하다가는 장기간 손실을 유지해야 할 수도 있다. 매도 타이밍을 놓쳐 몇 달 손해를 유지한 경험이 있는 투자자라면 애매하게 진입한 상황에서 매수한 가격 근방에서 매도를 잘하는 것이 더더욱 중요하다. 리플코인으로 예시를 들어보자. 361원에 매수했는데 직전 전저점 가격이 355원이라면, 감시가 355원에 도달할 경우 353원에 매도를 걸어 시장가로 손절하게 만드는 것이다. 호가를 더 낮게 매도를 지정하는 이유는 만약 감시가 355원으로 정했는데 매도 356원으로 지정하면 패닉셀 때문에 나의 물량이 체결되지 않고 내려가서 잘못하면 손해가 굉장히 커질 수 있다. 만약 차트를 잠깐이라도 볼 수 있다면 매도하려는 가격보다 1호가 위로 올리고 예약매도를 해두면 좋다. 예약매도는 시스템적으로 바로 발동하기 때문에 손으로 하는 것보다 지정이 훨씬 빠르다. 물론 수수료는 좀 더 나가지만 손이 느린 투자자는 장대양봉/장대음봉으로 호가가 빠르게 움직일 때 대응하기 수월하다.

3. 특정 가격만 돌파하면 큰 상승 예상 시(예약매수)

상승장이나 침체기가 끝나고 조금씩 가격이 오르기 시작할 때, 또는 긴 시간 횡보할 때 활용할 수 있는 방법이다. 책의 앞부분에서 다룬 매매 방법 중 하나인 돌파매매를 활용한다.

여기서 중요한 것은 지지선/저항선을 설정하는 것이다. 매매하려는 범위를 생각해서 TimeFrame(시간별 차트)을 설정해야 한다. 예약매수의 기본은 저항 돌파 시 매수하는 것이다. 자신이 차트를 자주 확인할 수 있다면 조금 더 가까운 저항선을 돌파할 때 매수할 것이고, 리스크를 줄이고 싶다면 조금 더 많이 저항을 받았던 높은 저항선을 돌파할 때 매수를 걸어둔다. 이때 감시가격은 다음 그림처럼 저항선보다 약간 높은 가격으로 설정하고 매수가격은 시장가로 내 금액을 모두 살 수 있을 만큼 약간 더 호가를 높게 설정한다.

더 높은 가격의 저항선을 돌파할 때 매수하는 방법은 차트를 자주 못 보는 경우, 가격편차 5% 이내의 횡보의 경우, 4시간 봉 이상에서 삼각수렴의 경우 등 추세를 확인하기 수월하고 가격이 안정돼 있을 때 좀 더 효과적이다.

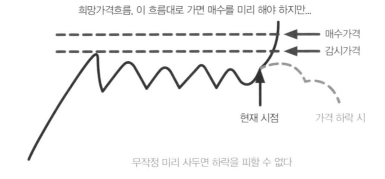

무작정 미리 사두면 하락을 피할 수 없다

이렇게 설정하면 횡보할 때 가격이 하락해도 매수하지 않고 기다릴 수 있는 장점이 있다.

만약 예약매수/예약매도를 걸었는데 매도되고 올라가거나 매수되고 내려가는 경우가 두 번 이상 반복된다면 그때는 예약매매를 관망하는 것이 좋다. 가격을 움직이는 세력이 고배율로 거래하는 매매자를 청산하거나, 대기하고 있는 매매자를 스탑로스로 손절만 시키고 반대로 움직이려 하는 것일 수도 있기 때문이다.

시장 사이클

- 가상화폐 시장은 크게 상승 – 급등 – 조정 – 침체의 흐름이다.
- 시장 상황에 맞게 매수/매도 목표가를 설정해야 상승 파동에서 큰 수익을, 하락 파동에서 작은 손절이 가능해진다.

1. 상승과 급등

상승이 시작되는 시기는 침체기와 연결된다. 따라서 대다수의 투자자는 차트를 매일 보더라도 진짜 바닥인지 확인하기 어렵다. 따라서 이 상황에는 차트와 차트 외적인 상황을 항상 주시해야 한다. 차트에서는 6시간봉 ~ 일봉의 일반강세 다이버전스를 확인해야 하고, 컵 앤 핸들, 과매도 외바닥 형성 후 반등을 주목하자.

반대로 차트 외적으로는 호재가 있는 시가총액 20위 이내의 알트코인이 먼저 타 코인보다 높은 상승률로 시장을 주도할 수 있다. 이러한 흐름은 2017년도 봄부터 계속 이어진 흐름이고, 이 책을 낸 이후로도 이어져 왔다. 가장 최근으로는 2020년 겨울에 리플코인이 시장 이슈를 시작으로 타 코인보다 큰 상승폭을 만들며 시장을 이끈 흐름이 있었다.

이때 후발주자 코인을 선택할 것인지 시장을 주도하는 코인을 위주로 매매할 것인지 판단해야 한다. 본인의 매매 실력에 자신이 없거나 그동안 수익률이 좋지 않았다면 후발주자나 오르지 않은 시가총액 20위 이내 알트코인(이하 메이저 알트코인이라 한다)을 위주로 매수하는 것이 안전하다.

상승이 시작되고 나면 상승을 주도하는 가상화폐 / 비트코인 / 그 외 메이저 알트코인 / 시가총액이 낮은 알트코인으로 그룹이 나뉜다.

상승을 주도하는 가상화폐가 오르고 나면 이후 비트코인이나 메이저 알트코인이 따라 오르고 비트코인이 가격 조정에 들어가면 아직 오르지 못한 알트코인도 한꺼번에 내린다. 따라서 상승장에서는 비트코인의 조정을 항상 염두에 두어야 한다. 아직 순번이 오지 않은 알트코인이더라도 이미 순환상승이 이뤄진 경우라면 비트코인의 조정을 대비하며 매매하자.

이 시기에는 뉴스가 나오기 시작하며 이미 선반영된 뉴스와 가격에 대한 언급이 이뤄진다. 이러한 형태는 과거부터 지금까지 계속해서 반복되고 있고 앞으로도 그럴 것이다.

비트코인과 메이저 알트코인이 상승 후 조정기를 거칠 때 보통 시가총액이

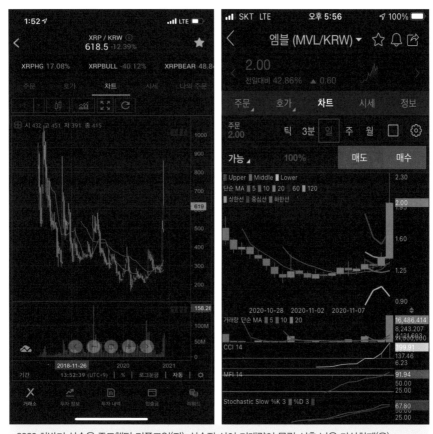

2020 하반기 상승을 주도했던 리플코인(좌), 상승장 사이 거래량이 몰린 시총 낮은 가상화폐(우)

낮은 알트코인으로 자금이 이동한다. 이때 작은 알트코인들이 큰 상승률로
오르는데, 주식의 작전주처럼 연관이 있는 가상화폐가 덩달아 오르는 경우가
많다.

번갈아가며 상승이 이뤄지기 때문에 상승 초기라 판단이 될 때는 내 차례
가 다시 오기를 기다리면 된다. 하지만 급등이 여러 차례 이뤄져 주봉/월봉의

볼린저밴드 상단을 이미 한참 오른 상태라면 내가 매수한 지점이 정수리가 될 수도 있음을 명심해야 한다.

이 시기에는 차트를 보며 평소보다 높게 목표가를 설정하는 것이 좋다. 특히 상승 초기에 바닥에서 잘 매수하고도 빨리 매도해서 수익을 놓치는 이들이 많다. 아직 30% 이상 상승이 없다면 조금이라도 다시 매수하는 것이 유리할 때도 있다.

2. 조정과 침체

가격 조정은 비트코인의 급락부터 시작된다. 보통 비트코인이 10%가량 내리면 알트코인은 30% 이상 내린다. 이 시기에는 가격을 주도하던 메이저 알트코인의 호재가 소멸하면서 먼저 급락하기도 한다. 가장 쉽게 확인하는 방법은 앞에서 설명한 상승추세선의 이탈이다. 최소 1시간봉 이상에서 상승추세선을 크게 이탈하면 지금까지 본 가장 높던 수익은 잊어야 한다. 초기 하락타이밍을 놓치면 계단식 하락으로 내 자산을 조금씩 잃다가 결국 장기간에 걸쳐 큰 손실을 입을 수 있다.

큰 하락을 잘 피했다면 반등단타나 공매도를 통해 수익을 노려볼 수 있다. 하지만 초보자는 누적손실만 키울 수 있고, 또한 이미 하락 시 손실을 봤다면 손실을 메우겠다는 생각에 멘탈이 흔들릴 수 있으니 자신이 없다면 과감히 쉬는 것이 좋다.

큰 하락 이후 작은 반등과 함께 계단식 하락이 이어지며 투자자의 관심도가 사라지고 부정적인 뉴스가 등장한다. 부정적인 뉴스가 등장한다고 바로 매수할 타이밍은 아니다. 다음 상승을 위해 지표가 다시 과매수 구간에서 내려와야 한다. 이 시기에는 시총이 낮은 알트코인이 순환상승을 하거나 거래소에 신규 가상화폐가 상장돼 자금이 폭발적으로 몰리기도 한다.

이 시기에는 목표가를 짧게 잡는 것이 좋다. 급락의 경우에는 단기적으로 큰 반등이 있지만 수익은 한 파동의 반등을 목표로 정하는 것이 안전하다. 바닥권이라 생각해 그대로 홀딩했지만 계단식 하락으로 본전 혹은 손실로 이어지는 경우가 많으니 주의하자.

투자 전 체크리스트

당신이 차트 매매에 대해 궁금해하던 모든 것

체크리스트	이 책에서 참고할 곳
거래금액을 정하였는가	1.3 거래소 소개
얼마나 자주 투자할 것인가	1.6 투자스타일에 따른 포트폴리오 설정
차트사이트는 어디를 참고할지 정했는가	1.3 차트분석사이트
어떤 보조지표를 사용할지 정하였는가	1.5 보조지표 설정
어디서 팔지 체크해봤는가	1.3 저항선
어디서 손절할지 체크해봤는가	1.6 손절
어느 타이밍에 살지 생각해봤는가	2.3 크맨타이밍
가장 먼저 어느방법으로 거래해볼까	2.2 골든크로스 데드크로스
스캘핑(초단기) 투자자가 되고싶다면	2.6 커플링, 디커플링 활용한 매매 2.8 호가창을 활용한 매매
가장 기초적인 거래방법을 알고 싶다면	1.3 지지선,저항선, 추세선

체크리스트	이 책에서 참고할 곳
나에게 맞는 거래소를 찾고 싶다	1.3절 거래소 소개
직장인인데 차트 어떻게 봐야 할까	1.6절 투자스타일에 따른 포트폴리오설정
실제 거래를 하는 과정이 궁금하다	2.8절 호가창을 활용한 매매
지금 당장 거래하려면 뭐부터 볼까	1.3절 지지선, 저항선, 추세선
가장 쉽게 거래하고 싶다	2.2절 골든크로스 · 데드크로스 매매
책을 보기 전에 물려 있는데 손절해야 할까	1.6절 손절
매수는 했는데 목표가를 어디로 잡아야 할까	1.3 저항선

직장인 투자자의 투자 하루 일과

07:00 기상	시가총액(1d,7d), 비트코인 차트(1d,1h), 한국 프리미엄을 확인한다.
~08:30 출근길	관심 있는 코인의 차트를 확인한다. 단톡방 또는 인터넷에서 정보를 수집한다. 매수하려는 코인의 알람을 설정해둔다.
10:00~10:30 회의 전	차트를 자주 못 보는 상황이므로 차트를 15~1h 이상의 간격으로 보고 가격 흐름을 기억한 다음 본업에 충실한다.
12:00~13:00 식사 후 티타임	동기들과 모여 단타를 친다. 한 명은 한국 비트코인 차트, 한 명은 해외 비트코인 차트, 한 명은 투자하려는 알트코인 차트를 주시하며 매수타이밍을 찾아본다.
14:00~14:10 화장실	화장실에 잠시 들러서 비트코인과 매수하려는 코인들의 시황을 본다. 어느 코인 차트가 커플링되고 디커플링 되는지 확인한다. 매수하려는 가격에 도달한 코인을 분할로 매수한다. 오후에 현장에 나가므로 차트상 15m 기준 현재 가격에서 두 번째 위의 저항선에 분할로 매도를 걸어둔다. 혹시 모르니 알람을 상승, 하락 구간에 미리 울리도록 걸어둔다.
18:00~19:00 퇴근길	퇴근하며 차트를 확인한다. 목표가에 도달한 경우 개수를 늘릴 수 있는지 확인하고, 하락한 경우 추가 매수타이밍이 아닌지 확인해본다.
22:00 취침 전	조정장이 아닌 경우, 호재를 가까이 앞둔 경우, 계단식 상승하는 경우 코인을 홀딩한 채로 편히 취침한다. 차트가 애매하거나 전고점에서 저항이 두 번 이상 있는 경우 맘 편히 익절 또는 손절 후 취침한다.

차트 매매 관련 Best Q&A 5

Q. 보조지표 설정은 어떻게 해야 할까?

　A. 보조지표의 각종 설정 값은 기본으로 두어도 무방하다. 만약 보조지표의 설정 주기를 짧게 바꾸면 그에 맞게 매매타이밍도 짧게 잡는 것이 좋다. 예를 들어 볼린저밴드 지표의 보조지표를 기본값인 20일로 설정했다면 가격이 볼린저밴드 상단 위로 나오는 부분부터 과매수이므로 매도를 고려하지만, 10일로 주기를 설정하면 상단밴드에 다가오는 부분에서 매도를 고려해야 한다.

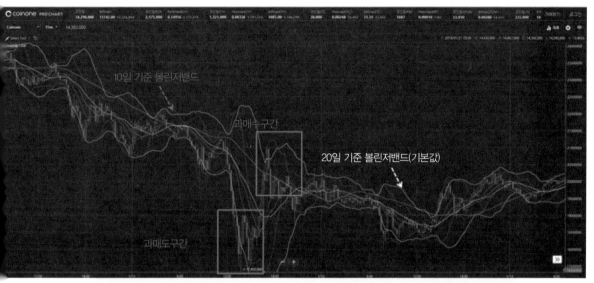

주기 설정에 따른 볼린저밴드 폭 차이. 과매수 구간에서 10일 기준 밴드가 근접할 때 매도가 고려되는 반면, 20일 기준(기본값) 밴드는 상단밴드를 넘어서 과매수 구간일 때 매도를 고려해야 한다.

Q. 다른 보조지표는 쓰면 안 되나?

A. 보조지표의 종류는 많다. 본인의 스타일에 맞는 지표를 활용하면 된다. 내가 주로 사용하는 Bollinger Bands, CCI, STCH MTM, MFI 지표는 초단타 거래부터 중장기 거래에도 유용하다. 상황에 따라 RSI, 일목균형표 등을 추가적으로 참고할 때도 있지만 나는 네 가지 지표 조합으로도 충분히 좋은 매매를 해왔기에 자신 있게 추천한다.

만약 다른 좋은 보조지표를 발견하면 활용해서 거래해보자. 투자 스타일을 조합하면 수없이 많은 투자 방법이 생기게 된다. 자신의 상황에 맞는 투자 주기와 투자 금액에 맞춰 자신만의 투자스타일을 만들어나가자.

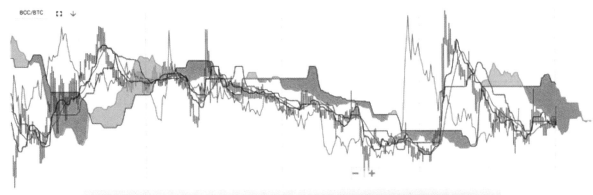

일목균형표를 사용한 차트. 그림의 초록색 부분이 양운, 빨간색 부분이 음운으로 이 구름들을 지지선/저항선으로 활용해 거래한다. 앞의 공식을 활용하면 구름을 상향돌파 시 매수, 하향 돌파 시 매도한다.

Q. 무엇이 W형이고 M형인지 파악이 어렵다. 구분할 수 있는 방법이 있나?

A. 현재 가격이 내리는 상태라면 저점을 확인하고, 가격이 오르는 상태라면 고점을 확인한다. W형과 M형은 천장과 바닥을 두 번 터치하는 경우에 확인이 가능하다. 때문에 이전 가격흐름의 모양을 신경 쓰기보다는 가격의 고

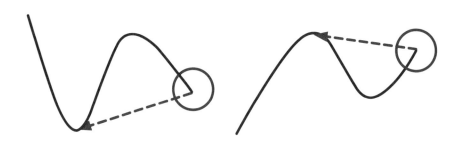

점/저점, 즉 저항선/지지선을 확인하는 게 M형과 W형을 파악하는 데 도움을 준다.

가격이 떨어지면 바닥을 확인하고 W형을 염두에 두고 매수를 준비한다. 가격이 오르면 천장을 확인하고 M형을 염두에 두고 매도를 준비한다.

Q. 차트가 좋아 보이는데, 시장상황이 안 좋으면 어떻게 해야 할까?

A. 호재보다 차트가 우선하고, 차트보다 시장상황이 우선한다. 호재라고 해서 무조건 홀딩해야 하는 것은 아니다. 지지선이 아래로 무너질 경우에는 매도해야 하며, 단순히 차트가 좋더라도 시장에 악재가 있는 경우나 예상되는 경우에는 매도를 고려해야 한다. 반대로 악재인 경우에는 먼저 악재가 사실인지 확인하고, 악재가 지속될 것인지 판단하고 과매도 구간에서 차트를 확인하며 매수를 고려한다. 차트에서 강한 하방을 보이더라도, 향후 시장상황의 반전이 예상될 경우 매수를 고려한다.

Q. 손절은 언제할까?

A. 투자자 본인이 정신적으로 흔들리지 않는 범위에서 과감히 손절할 줄 알아야 한다. 물론 매수·매도시그널을 확인해 '상대방'의 입장에서 내가 파는 가격은 누군가 사는 가격임을 명심하고 손절해야 한다. 손절은 꼭 반등이 올 때까지 기다렸다 하는 것이 좋다. 정신적으로 판단이 어렵거나 패닉셀을 하면 여지없이 반등이 오게 된다. 대하락장이더라도 반등을 하면서 떨어진다.

반등이 올 때 손절하는 원칙을 지켜야 한다.

차트상으로 지지선이 뚫릴 때 손절하는 것이 정석이다. 지지선이 깨질 것을 예상하고 손절을 했는데 지지선에서 반등하면 오히려 코인 개수가 줄어 손해가 심해질 수 있다. 때문에 지지선을 하향 돌파하면 손절한다. 손절할 때에는 손절 이후 개수를 늘릴지 아예 관망할지 정해놓는다.

지지선 하향 돌파 시 손절

대시코인차트, 전저점을 지지선으로 하여 지지선을 하향 돌파 시 손절타이밍이다.

투자일지를 쓰면 돈이 들어온다

잘한 점 · 잘못한 점, 수익 · 손실에 대해 간단히 기록
- 당시 그렇게 한 이유를 적는다
- 한 달 후 목표치를 작성하고 나중에 비교

한번 틀린 수학문제는 시간이 지나서 풀면 또 틀리는 경우가 많다. 투자도 마찬가지다. 개개인의 투자 실수는 다른데, 반복된다는 공통점이 있다. 이를 조금이라도 개선하려면 투자했을 때 잘했던 것과 실수한 것을 기록해 놓는다. 귀찮을 수도 있지만, 실수를 줄이는 데 분명 도움이 된다. 반복되는 실수를 줄이고, 좋은 매도나 매수의 기억을 살려 다음 거래에도 활용할 수 있도록 준비하자. 투자일지 양식은 '당가올 블로그'에서 다운이 가능하다.

거래일	주요거래 코인	내용과 이유		주요손익률	기타
		잘한 점	아쉬운 점		

📖 북오션 부동산 재테크 도서 목록 📖

부동산/재테크/창업

장인석 지음 | 17,500원
348쪽 | 152×224mm

롱텀 부동산 투자 58가지

이 책은 현재의 내 자금 규모로, 어떤 위치의 부동산을 언제 살 것인가에 대한 탁월한 분석을 펼쳐 보여 준다. 월세탈출, 전세탈출, 무주택자탈출을 꿈꾸는, 건물주가 되고 싶고, 꼬박꼬박 월세 받으며 여유로운 노후를 보내고 싶은 사람들을 위한 확실한 부동산 투자 지침서가 되기에 충분하다. 이 책은 실질금리 마이너스 시대를 사는 부동산 실수요자, 투자자 모두에게 현실적인 투자 원칙을 수립할 수 있도록 해줄 뿐 아니라 실제 구매와 투자에 있어서도 참고할 정보가 많다.

나창근 지음 | 15,000원
302쪽 | 152×224mm

나의 꿈, 꼬마빌딩 건물주 되기

'조물주 위에 건물주'라는 유행어가 있듯이 건물주는 누구나 한 번은 품어보는 달콤한 꿈이다. 자금이 없으면 건물주는 영원한 꿈일까? 저자는 현재와 미래의 부동산 흐름을 읽을 줄 아는 안목과 자기 자금력에 맞춤한 전략, 꼬마빌딩을 관리할 줄 아는 노하우만 있으면 부족한 자금을 충분히 상쇄할 수 있다고 주장한다. 또한 액수별 투자전략과 빌딩 관리 노하우 그리고 건물주가 알아야 할 부동산지식을 알기 쉽게 설명한다.

박갑현 지음 | 14,500원
264쪽 | 152×224mm

월급쟁이들은 경매가 답이다
1,000만 원으로 시작해서 연금처럼 월급받는 투자 노하우

경매에 처음 도전하는 직장인의 눈높이에서 부동산 경매의 모든 것을 알기 쉽게 풀어낸다. 일상생활에서 부동산에 대한 감각을 기를 수 있는 방법에서부터 경매용어와 절차를 이해하기 쉽게 설명하며 각 과정에서 꼭 알아야 할 중요사항들을 살펴본다. 경매 종목 또한 주택, 업무용 부동산, 상가로 분류하여 각 종목별 장단점, '주택임대차보호법' 등 경매와 관련되어 파악하고 있어야 할 사항들도 꼼꼼하게 짚어준다.

초저금리 시대에도 꼬박꼬박 월세 나오는
수익형 부동산

현재 (주)기림이엔씨 부설 리치부동산연구소 대표이사로 재직하고 있으며 [부동산TV], [MBN], [한국경제TV], [KBS] 등 방송에서 알기 쉬운 눈높이 설명으로 호평을 받은 저자는 부동산 트렌드의 변화와 흐름을 짚어주며 수익형 부동산의 종류별 특성과 투자노하우를 소개한다. 여유자금이 부족한 투자자도 전략적으로 투자할 수 있는 혜안을 얻을 수 있을 것이다.

나창근 지음 | 17,000원
332쪽 | 152×224mm

주식/금융투자

북오션의 주식/금융 투자부문의 도서에서 독자들은 주식투자 입문부터 실전 전문투자, 암호화폐 등 최신의 투자흐름까지 폭넓게 선택할 수 있습니다.

주식투자
기본도 모르고 할 뻔했다

코로나 19로 경기가 위축되는데도 불구하고 저금리 기조가 계속되자 시중에 풀린 돈이 주식시장으로 몰리고 있다. 때 아닌 활황을 맞은 주식시장에 너나없이 뛰어들고 있는데, 과연 이들은 기본은 알고 있는 것일까? '삼프로TV', '쏠쏠TV'의 박병창 트레이더는 '기본 원칙' 없이 시작하는 주식 투자는 결국 손실로 이어짐을 잘 알고 있기에 이 책을 써야만 했다.

박병창 지음 | 19,000원
360쪽 | 172×235mm

하루 만에 수익 내는
데이트레이딩 3대 타법

주식 투자를 한다고 하면 다들 장기 투자나 가치 투자를 말하지만, 장기 투자와 다르게 단기 투자, 그중 데이트레이딩은 개인도 충분히 가능하다. 물론 쉽지는 않다. 꾸준한 노력과 연습이 있어야 한다. 하지만 가능하다는 것이 중요하고, 매일 수익을 낼 수 있다는 것이 중요하다. 그 방법을 이 책이 알려준다.

유지윤 지음 | 25,000원
312쪽 | 172×235mm

최기운 지음 | 18,000원
424쪽 | 172×245mm

10만원으로 시작하는
주식투자

4차산업혁명 시대를 선도하는 기업의 주식은 어떤 것들이 있을까? 이제 이 책을 통해 초보투자자들은 기본적이고 다양한 기술적 분석을 익히고 그것을 바탕으로 향후 성장 유망한 기업에 투자할 수 있는 밝은 눈을 가진 성공한 가치투자자가 될 수 있다. 조금 더 지름길로 가고 싶다면 저자가 친절하게 가이드 해 준 몇몇 기업을 눈여겨보아도 좋다.

박병창 지음 | 18,000원
288쪽 | 172×235mm

현명한 당신의
주식투자 교과서

경력 23년차 트레이더이자 한때 스패큐라는 아이디로 주식투자 교육 전문가로 불리기도 한 저자는 "기본만으로 성공할 수 없지만, 기본 없이는 절대 성공할 수 없다"고 하며, 우리가 모르는 '기본'을 설명한다. 아마도 이 책을 보고 나면 '내가 이것도 몰랐다니' 하는 감탄사가 입에서 나올지도 모른다. 저자가 말해주는 세 가지 기본만 알면 어떤 상황에서도 주식투자를 할 수 있다.

최기운 지음 | 18,000원
300쪽 | 172×235mm

동학 개미
주식 열공

〈순매매 교차 투자법〉은 단순하다. 주가에 가장 큰 영향을 미치는 사람의 심리가 차트에 드러난 것을 보고 매매하기 때문이다. 머뭇거리는 개인 투자자와 냉철한 외국인 투자자의 순매매 동향이 교차하는 곳을 매매 시점으로 보고 판단하면 매우 높은 확률로 이익을 실현할 수 있다.

곽호열 지음 | 19,000원
244쪽 | 188×254mm

초보자를 실전 고수로 만드는
주가차트 완전정복

이 책은 주식 전문 블로그 〈달님이의 주식투자 노하우〉의 운영자 곽호열이 예리한 분석력과 세심한 코치로 입문하는 사람은 물론 중급자들이 놓치기 쉬운 기술적 분석을 다양하게 선보인다. 상승이 예상되는 관심 종목 분석과 차트를 통한 매수·매도 타이밍 포착, 수익과 손실에 따른 리스크 관리 및 대응방법 등 주식시장에서 이기는 노하우와 차트기술에 대해 안내한다.

유지윤 지음 | 18,000원
264쪽 | 172×235mm

누구나 주식투자로 3개월에 1000만원 벌 수 있다

주식시장에서 은근슬쩍 돈을 버는 사람들이 있다. '3개월에 1000만 원' 정도를 목표로 정하고, 자신만의 투자법을 착실히 지키는 사람들이다. 3개월에 1000만 원이면 웬만한 사람들 월급이다. 대박을 노리지 않고, 딱 3개월에 1000만 원만 목표로 삼고, 그것에 맞는 투자 원칙만 지키면 가능하다. 이렇게 1000만 원을 벌고 나서 다음 단계로 점프해도 늦지 않는다.

근투생 김민휘(김달호) 지음
16,000원 | 224쪽
172×235mm

삼성전자 주식을 알면 주식 투자의 길이 보인다

인기 유튜브 '근투생'의 주린이를 위한 투자 노하우. 국내 최초로 삼성전자 주식을 입체분석한 책이다. 삼성전자 주식은 이른바 '국민주식'이 되었다. 매년 꾸준히 놀라운 이익을 내고 있으며, 변화가 적고 꾸준히 상승할 것이라는 예상이 있기에, 이 책에서는 삼성전자 주식을 모델로 초보 투자자가 알아야 할 거의 모든 것을 설명한다.

금융의정석 지음 | 16,000원
232쪽 | 152×224mm

슬기로운 금융생활

직장인이 부자가 될 방법은 월급을 가지고 효율적으로 소비하고, 알뜰히 저축해서, 가성비 높은 투자를 하는 것뿐이다. 그 기반이 되는 것이 금융 지식이다. 금융 지식을 전달함으로써 개설 8개월 만에 10만 구독자를 달성하고 지금도 아낌없이 자신의 노하우를 나누어주고 있는 크리에이터 '금융의정석'이 영상으로는 자세히 전달할 수 없었던 이야기들을 이 책에 담았다.

우영제 · 이상규 지음
23,500원 | 444쪽
152×224mm

자금조달계획서 완전정복

6·17 대책 이후 서울에서 주택을 구입하려는 사람이라면 (거의) 누구나 자금조달계획서를 작성해야 한다. 즉, 이 주택을 사는 돈이 어디서 났느냐를 입증해야 한다. 어떻게 생각하면 간단하고, 어떻게 생각하면 복잡한 문제다. 이 책은 이제 필수 문건이 된 자금조달계획서를 어떻게 작성해야 하는지, 증여나 상속 문제는 어떻게 해결해야 하는지를 시원하게 밝혀주는 가이드다.